版权声明

Are You Listening?

Fostering Conversations that Help Young Children Learn

老师，你真的在听吗？

师幼互动中的有效倾听与对话

［澳］莉萨·伯曼（Lisa Burman）／著

孙丽丽／译

中国轻工业出版社

图书在版编目（CIP）数据

老师，你真的在听吗？：师幼互动中的有效倾听与对话 /（澳）莉萨·伯曼（Lisa Burman）著；孙丽丽译. 北京：中国轻工业出版社，2025. 10. -- ISBN 978-7-5184-5617-8

Ⅰ. G612

中国国家版本馆CIP数据核字第20254Y56V3号

责任编辑：牟　聪　　责任终审：吴　红
文字编辑：徐烨佳　　责任校对：刘志颖
策划编辑：高　君　　责任监印：吴维斌

出版发行：中国轻工业出版社（北京鲁谷东街5号，邮编：100040）
印　　刷：三河市鑫金马印装有限公司
经　　销：各地新华书店
版　　次：2025年10月第1版第1次印刷
开　　本：710×1000　1/16　印张：16
字　　数：220千字
书　　号：ISBN 978-7-5184-5617-8　定价：65.00元
读者热线：010-65181109
发行电话：010-85119832　010-85119912
网　　址：http://www.chlip.com.cn　http://www.wqedu.com
电子信箱：1012305542@qq.com

242334Y1X101ZYW

译者序

“所有人都在说，但没有人愿意听”，这是德国哲学家尼采（Nietzsche）对现代人缺乏倾听能力的深刻洞察，同时也是当下的教育弊病——课堂上教师滔滔不绝地讲授知识，却很少驻足观察，听听孩子们内心的声音，也没有给孩子们留出表达想法、交流感受的时间和空间。面对这样的教育困境，莉萨·伯曼（Lisa Burman）基于自身丰富的教学经验，于2009年推出了一本关于儿童教育的力作：《老师，你真的在听吗？——师幼互动中的有效倾听与对话》（*Are You Listening?: Fostering Conversations that Help Young Children Learn*）。莉萨是一位经验丰富的教师及学校领导，她在澳大利亚和美国的教育领域深耕多年，担任儿童护理中心、特殊教育学校的教育顾问。这些经历使她深刻认识到教育中存在的问题，尤其是教师与儿童之间缺乏对话和倾听。她因看到许多儿童在传统教育模式下学习的热情被磨灭、潜力未得到充分挖掘而深感痛心。通过不断探索和实践，她逐渐形成了自己的教育理念，并将其融入本书中，即适合所有人的、真实的、有意义的童年意味着享有玩耍的权利、能被包容和被充分倾听。如日本学者佐藤学（Manabu Sato）在《静悄悄的革命》（*Jugyo O Kaeru Gakko Ga Kawaru*）中提出的那样，莉萨认为“倾听”在教育中居于基础性地位，每个孩子天生就是一个强大的学习者，而其丰富的学习体验就建立在此基础上。

本书从儿童的学习与发展理论展开，以倾听和对话为教育抓手，深刻剖析了师幼对话中的一些核心关系，这些核心关系互相交织，共同构建起丰富的教育理念与实践策略体系。

倾听与听的关系。第一章“儿童的学习与你的儿童观”，旨在帮助我们区分“听”与“倾听”。“听”在教育中常表现为被动接收声音，教师可能仅听到儿童的话语，却未深入理解其内涵；而“倾听”是主动且有深度的行为，要求教师尊重儿童的学习特点和思维过程，用心感受、理解儿童话语背后的想法、情感和需求，进而建构“儿童是有能力的”这一儿童观。如在第一章的案例中，佩姬和戴夫两位教师在处理积木问题时，让孩子们协商解决。教师对儿童学习理论的看法和其持有的儿童观直接影响其教育实践，也是真正倾听发生的基础。

对话与学习的关系。第二章“教育环境中的对话”，探讨了师幼对话对儿童学习的重要性。通过对话，儿童能够思考，在表达想法的过程中梳理思维。通过对话，教师可以了解儿童的先前经验，据此创设学习情境，促进儿童思考。对话还为儿童的社会性学习提供情境，儿童在交流中倾听他人的观点，互相学习，共同解决问题，如在关于雪花工厂的讨论中，孩子们的思维得到了拓展，合作能力也得到了提升，该对话有力地促进了孩子们的学习。

对话与环境的关系。第三章“创设适宜的对话环境”，阐述了环境对师幼对话的重要性。在物理环境方面，教室的空间布局、材料选择与摆放等都会影响对话的发生和质量。合理的布局和丰富的材料能为对话提供更多机会和话题。一日活动安排也与对话紧密相关，教师应在儿童来园与离园、进餐、游戏等各个环节和时段，为自发性和促进性对话创造机会。此外，情感氛围也很关键，安全、信任、尊重的氛围能让儿童更自在地参与对话，充分表达想法。

对话中教师引导与儿童回应的关系。第四章“促进对话”，论述了教师在对话中可运用的具体策略，包括提问、让儿童出声思考、使用情境化语言、使用记忆工具以及保持安静等。但更重要的是处理好教师引导与儿童主动之间的关系。引导不是主导对话方向，教师不要急于用提问或其他工具来促进对话，引导的目的是让儿童自由表达，了解儿童的想法和认知图式，以及帮助儿童澄清和聚焦问题，建立知识联系。如教师可以说“谈谈你做的这个东西吧。你是如何做的？”，让儿童有更广阔的思考空间。

对话记录与解读的关系。第五章和第六章分别介绍了“记录对话”和“解读对话”。这两章是互相依存的，教师在实践中不能重记录而轻解读。记录对话是对儿童对话的保存，为解读提供素材，真实记录儿童的话语和表达。解读则是对记录的深入剖析，通过可视化、自我提问、联系先前知识与经验等策略，了解儿童话语背后的想法、知识储备和思维发展阶段。二者相辅相成，记录为解读提供基础，解读赋予记录以教育意义，帮助教师更好地理解儿童，为教学决策提供依据。

多主体在解读对话中的关系。第六章“解读对话”部分还谈到了解读对话涉及教师、家长等多个主体，也就是说，解读对话和了解真实儿童需要多主体共同合作。教师可以通过合作解读对话分享不同的视角，加深自己对儿童的理解。家长参与解读，可凭借自身对孩子更深入的了解，提供独特见解，帮助教师更好地把握儿童的想法。多主体合作能形成教育合力，共同促进儿童的成长和发展。

全班对话、小组对话与一对一对话的关系。在对话中，全班对话能营造集体氛围，拓展儿童图式；小组对话更具针对性，能让更多儿童参与，深入探究想法；一对一对话则能满足个别儿童的特殊需求，如与新来的孩子建立关系、挖掘某个孩子的独特想法等。第七章“倾听语言发展中的儿童”，更是对儿童发展差异性的进一步论述，强调理解安静的儿童，接受儿童的现状，关注其强项和能力，而非只盯着他们的不足。教师可以安排儿童与关系亲密、能给予其支持的伙伴一起交流，避免爱说话的儿童主导对话，给安静的儿童留出表达空间。另外，除了言语交流，还有多种活动能揭示儿童的思维。教师可关注儿童在想象游戏、积木搭建和绘画活动中的表现，如乔迪通过绘画表达对大脑思考的理解，画中的元素反映出他独特的思维。就像英国教育家艾尔弗雷德·诺思·怀特海（Alfred North Whitehead）所说，教育中的每个孩子都是鲜活的有机体。教师应根据不同的对话目的和儿童特点，选择合适的对话形式，关注个体差异，确保每个孩子都能在对话中有所收获。

倾听对话与课程设计的关系。第八章“有目的地运用对话”，强调倾听对话是了解儿童想法、为课程设计提供依据的重要途径。教师通过倾听儿童对话，了解他们的兴趣、困惑和已有知识经验，设计课程活动，使课程更贴合儿童的学习需求。例如，教师倾听儿童对建筑的讨论后，通过组织实地参观、专家讲解等活动，拓展儿童的经验和思维。在课程实施过程中，倾听对话能促进儿童在课程学习中的深度参与。教师认真倾听，给予儿童表达和讨论的机会，能让他们积极主动地参与课程学习，在对话中深化对知识的理解，发展思维能力。

倾听对话与教师专业发展的关系。第八章“有目的地运用对话”，除了谈到倾听对话对课程设计有指导意义之外，还谈到倾听能促进教师反思与改进教学方法，推动教师与家长、同事进行合作交流。另外，倾听儿童对话并进行记录和解读，本身就是一种教育研究的过程。因此，倾听对话是教师专业发展的重要组成部分。

阅读书中的这些章节，我们仿佛跟随作者一同走进了一个个充满生机与挑战的教育场景。我们深刻感受到对每一个案例的解读、对每一组关系的理解都饱含着作者的教育智慧和对儿童的深切关怀。她让我们对儿童教育有了全新的认识。我们意识到，倾听不仅仅是一种简单的行为，更是一种教育理念和教育态度，蕴含着改变教育生态、重塑教育关系的巨大能量。德国哲学家马丁·海德格尔（Martin Heidegger）曾在《关于人道主义的书信》（*Brief über den Humanismus*）中提出“语言是存在的家”，并指出听觉文化不能遗忘“存在”，要尊重个体生命体验的差异性和本真性。

当然，对于广大教育者而言，本书是一本不可多得的宝贵实践指南，我们可以从书中学习到许多实用的教育方法和策略。无论是初入教育领域的新手教师，还是经验丰富的专家型教师，都能从书中获得启发。新手教师可以从书中学习如何理解儿童的学习方式、与儿童进行有效的对话以及创设适宜的学习环境等基本的教育技能和方法，为自身的教育实践打下坚实的基础。经验丰富的教育者可以通过阅读本书，反思自己的教育实践，从新的视角审视教学过程中的问题，进一步提升自己的教育水平。书中每个章节都在论述具体的策略之后，巧妙地设计了“建构你自己的理论认识与实践”部分，以促进教育实践者自我反思与建构经验，这充分体现了“教学有法，教无定法，贵在得法”。这正如我很钦佩的另一位著名美国幼教专家薇薇安·嘉辛·佩利（Vivian Gussin Paley）在一次讲座中说：“Any way you and the children do this will be the right way—or will become the right way as time goes on.”（你和孩子们共同选择的任何方式，都会成为正确的方式——或者说，随着时间的推移，自会“日久见真章”。）因此，广大教育工作者行动的第一步是勇于做出尝试，迈出自己坚定的步伐。

此外，阅读本书也让我们体会到，虽然文化背景不同，但就倾听和对话而言，我们和国外的同行在教育实践中面临着同样的困境；就对儿童的关爱和对教育质量的追求而言，我们需要一起做出努力。让我们来看看莉萨个人在线学习平台首页发出的倡议。

谁是“真正的教育者”？

你相信孩子。

你相信教育的力量和潜力。

你相信自己。

你相信作为一个人和一名教育工作者要不断成长，而这些是互相关联的。

……

你正在寻找一种教育方法，它能让孩子在教育中找到归属感，而不迷失方向。

你知道最好的方法是从你自己开始。

从上文可以窥见，莉萨希望以信任为基石，构建一个教育者与孩子互相信任、共同成长且充满温暖与活力的教育生态。相信孩子，即认为每个孩子都有独特的潜力和可能性，信任孩子有自我成长和发展的能力，这种信任是一切教育的基础。相信教育的力量和潜力，意味着坚信教育能够对孩子的成长产生积极而深远的影响，教育不仅仅是知识的传授，更是塑造灵魂、培养人格的过程。相信自己作为教育者的能力，意味着教育者应凭借自身的专业自信，在教学过程中更加从容地面对各种挑战，并以积极的心态和孩子相处。

为了使读者更好地理解原著的内容，提高原著的可读性，本书添加了一些插图。在此，我要感谢山东潍坊新华幼儿园的孩子们，他们充满童真的绘画作品让本书的内容更加鲜活。对于我而言，翻译的过程是一个被深深吸引，进而沉浸其中探索知识宝藏的奇妙旅程，也是一次难得的与莉萨、自我以及与未来阅读本书的你之间的共同对话。因此，我诚挚地邀请你阅读这本书，期待着与你因这本书展开对话交流，分享彼此在阅读中的感悟与触动。也许你会有独特的见解，能为我提供新的思考维度；又或许我们会在某些观点上产生强烈的共鸣或者展开进一步的讨论，从而影响彼此的教育信念，照亮教育本质的探寻之路。

当然，我也清晰地认识到自己的翻译存在诸多不足，可能无法完全契合莉萨想要传达的深意，请各位读者批评指正。我愿怀着一颗真诚的心去倾听，大家的宝贵建议将会是我前行路上的指明灯。

孙丽丽

2025年3月3日

于杭州师范大学诚园

目　录

第四章 促进对话

第五章 记录对话

第六章 解读对话

第七章　倾听语言发展中的儿童

第八章　有目的地运用对话

导 言

老师在听我说话（皓皓，5 岁）

“我们有两只眼睛，为什么我们只看到了一个东西？”

——安东尼，5 岁

在一个周末，我的年轻朋友安东尼问了他母亲这个问题。安东尼总是在提问。他对世界的认知不断地给我们带来惊喜。安东尼的好奇心和求知欲反映了他的智慧以及学习潜力。

可悲的是，当安东尼想知道身体如何运作使我们看得见东西时，幼儿园教育并没有支持其好奇心的发展。在他进入幼儿园还不到 6 个月时，他的老师就警告过他的父母：安东尼可能需要多读一年，因为他还不认识字母表中的字母，在阅读方面的进步很有限，而且对课堂活动似乎不感兴趣。

不投入学习者的问题

在我的教学经历中，出现过很多像安东尼这样的孩子。他们富有创造力，思维发散，敢于挑战教师的权威和信念。他们总是不停地问“为什么”，甚至会让那些不知道答案的教师感到害怕。这些孩子在幼儿园里往往得不到足够的激励和鼓舞。教师们常常会说“我可不想让他明年还在我班上！”或“真不知道你是怎么教他的，他简直要把我逼疯了！”。

当安东尼的母亲苏珊第一次跟我讲起她与安东尼的老师的对话时，我对幼儿园未能发现安东尼的聪明才智、未能重视他的好奇心感到愤怒。安东尼的老师认为他在早期识字方面有困难，这让我很忧心。我也对她认为安东尼需要多读一年感到惊讶。然而，我最担心的还是安东尼对幼儿园提供的学习机会缺乏兴趣。他正逐渐成为一个学习不投入的孩子。我从安东尼还是个婴儿时就认识他了，这样的评价听起来完全不像我所了解的那个安东尼。那么，到底哪里出问题了呢？

安东尼的老师对有效学习的定义过于狭隘。在安东尼所在的幼儿园班级里，成功的学习者被界定为具备有限的技能和知识（比如认识字母表中的字母）的个体。尽管这些技能在学校教育中起着重要作用，但它们并非衡量成功学习者的唯一标准。

其实安东尼早已展现出自己在学习方面的成就。他热衷于了解自己所处的世界，具体表现为他乐于提问、充满好奇以及愿意花时间观察事物和倾听他人。比如有一天，他花了好几个小时来观察他的宠物豚鼠如何适应新环境，并向家人讲述了他的发现。他能够与成人和同龄人很好地交流。在用积木搭建高塔或与兄弟姐妹在游戏屋里玩耍时，他能自己解决问题。安东尼所在的幼儿园未能充分激发他天生的学习动机，也未能发展他的早期技能。问题不在于安东尼，而在于幼儿园。

布里塔妮是另一类不投入学习者。她在幼儿园里安静且乖巧。她默默地参与着幼儿园里提供的一切学习活动，但常常需要在教师的鼓励下加入新的活动，或者与其他人分享自己正在做的事。她告诉我，自己是个“好女孩”，因为她能安静地坐着，不乱叫。只有在确信自己的回答是教师期望听到的答案时，她才会回答教师的问题，而且在幼儿园里她也不太愿意尝试新事物。每天早上走进教室时，她会紧紧抓着妈妈的手，然后安静地坐在放着拼图的小桌旁，等着教师过来找她。

布里塔妮的妈妈对女儿上学时缺乏热情的表现感到困惑，因为在家里，布里塔妮总是不停地问“为什么”。她会兴致勃勃地带着妹妹到花园里找虫子，在爷爷奶奶家爬树，还会带着自己的笔记本画画，上面画满了她所认识的人。布里塔妮似乎已经明白，在幼儿园里她不需要对这个世界感到好奇和兴奋，而只需要取悦教师，做个“好女孩”。

起初，像布里塔妮这样的孩子看起来像是成功的学生。他们很少给教师带来麻烦。然而，稍加探究就会发现，他们其实是被动的学习者，其潜力并未得到充分挖掘。他们只是在走形式，并未真正投入学习之中。这种类型的学习者与那些通过表现不满或不感兴趣来宣泄情绪的不投入学习者一样令人担忧，因为他们常常会被忽视。

在四五岁的年龄，布里塔妮和安东尼就已经被阻挡在学习的探索和乐趣之外。如果这种情况持续下去，这两个孩子将如何在幼儿园里充分发挥自己的潜力？他们的知识、技能以及终身学习的态度又如何能够得到充分的发展？他们很可能会错失掌握很多智力技能（比如设定目标、反思、评估、制订计划、关注细节、提出问题和解决问题）的机会，而这些智力技能是他们获得成功的关键。读写和数学技能需要练习才能得到发展和巩固。如果安东尼和布里塔妮不参与幼儿园的活动，他们就无法获得这些学习机会。如果他们新学到的技能和知识得不到运用，那么他们的成长和发展就会受到限制。我们的世界正因新技术和可持续发展方面的新挑战而迅速变化着。未来唯一可以确定的是：要想成功，你就必须适应变化，最重要的是要不断学习。这就是安东尼和布里塔妮所生活的世界，所以培养他们成为终身学习者是至关重要的。

这两个孩子都有可能陷入困境——觉得自己不擅长学习。布里塔妮有可能觉得学习既无趣又无意义，安东尼则容易认为自己根本学不会任何东西。这很容易引发一个危险的恶性循环，甚至导致他们在学业上失败。这两个孩子中的任何一个都有可能最终对幼儿园失去兴趣，选择不参与幼儿园的活动，甚至辍学。

是什么导致幼儿在早期的学习环境中就对学习丧失了兴趣？婴幼儿天生对世界充满好奇心和探索欲：婴儿会不断注视着进入房间的每一张新面孔；学步儿会对浴缸里的泡泡着迷；幼儿对一切事物都充满好奇，并想要知道其中的缘由。当孩子们进入更正式的早期学习环境时，这种天生的好奇心和学习热情会发生怎样的变化？是什么样的课程导致了这种热情的消退？

答案很简单：一种未充分考虑儿童的课程或学习环境。课程是由成年人设计的，尽管他们初衷良好，但没有充足的时间去了解每个孩子对世界的理解。一个为假定的学习者群体所设计的课程，无法完全涵盖学习者多样化的想法以及特定群体可能存在的困惑。“一刀切”的学习方案没有考虑到学习者之间不同学习风格的差异。在一个将学习方式局限于一种认知模式的课程中，像安东尼这样的孩子很快就会觉得自己“不会”学习，而像布里塔妮这样的孩子会限制自己的学习以适应课程。实际上，这两类孩子都“会”学习。然而，课程并没有支持他们以最适合自己的方式去思考和学习，没有让他们投入到自己最感兴趣和最能激发自身热情的事物中。因为课程不适宜且无助于解答疑问，所以安东尼和布里塔妮这样的孩子开始变得不投入，甚至会干扰其他人的学习，或者成为被动参与者，只做最低限度的努力。

对话让学习者投入

在撰写本书的过程中，安东尼和布里塔妮的问题一直萦绕在我的心头。他们有着学习的无限可能性。我希望每个孩子都能感受到学习重要且有趣的内容所带来的兴奋与满足感。我希望他们能够成为一个成功、积极主动且投入的学习者，因为学习能丰富他们的生活。我梦想有这样一种学习环境，能向孩子们展示如何成为终身学习者。我希望所有的孩子都相信自己聪明且有能力，相信自己能认识和创造这个世界，而要实现这个梦想，我们必须从最年幼的学习者入手。

要想让安东尼和布里塔妮这样的孩子抓住学习机会并投入学习，就意味着在设计课程时要考虑到他们。没有比与他们进行对话交流更好的方式了，我们可以通过对话来了解他们已经知道了什么，对什么感到好奇，以及如何开始理解这个世界。重视与幼儿的对话交流并倾听幼儿的想法，能让安东尼和布里塔妮在教室里表达自己的想法。当教师关注到自身与幼儿的对话时，幼儿的思考方式和学习方式就会受到重视和尊重。安东尼如今在一个新的教室里学习，那里的教师会认真对待他的问题，并帮助他持续探索这些问题。正因为如此，安东尼愿意继续提问，对世界充满了好奇和求知欲。布里塔妮也在一所新的幼儿园里学习，那里的教师愿意花时间倾听她的想法。布里塔妮现在有了分享自己想法的信心，而不是像以前那样人云亦云。

在新的幼儿园和班级里，安东尼和布里塔妮都感觉自己与各种学习体验之间的联系更紧密了，因此更积极地参与其中，他们的认识和经验不断丰富。当谈论自己的想法时，他们的词汇量得以增长；当倾听他人的想法时，他们的思维得以拓展。参与对话为他们提供了练习和运用质疑、反思、计划、评估和建立联系等技能的机会，而这些技能对学习来说都是至关重要的。

最重要的是，由于现在的课程设计充分考虑了他们的想法和需要，安东尼和布里塔妮开始明白自己的想法对身边的成人来说很重要。这让他们发展出一种肯定自我的认知，即认为自己是能够为周围世界做出积极贡献的人。

通过对话，各类学习者都会在探索自己对世界的认识和想法的学习体验中找到更多的意义。在这种课程中，孩子们会全神贯注并对学习充满热情。他们会主动寻找问题的答案并构建自己的认识。他们会掌握学习的方法，形成良好的学习品质。这将为他们在幼儿园和一生中的成功学习奠定坚实的基础。

对话促进教师发展

在教育环境中产生的对话也会让教师有所获益。通过认真倾听，教师能够了解到孩子们的认识、想法和困惑。教师从师幼对话中获得的理解，有助于他们为儿童设计出最引人入胜且具有挑战性的学习环境，而不是采用那种实际上并不适合大多数学习者（尤其是像安东尼和布里塔妮这样的孩子）的“一刀切”的课程。教师会感到自己与儿童的关系变得更加密切——这会增强并激发他们的工作热情，促使他们体验到与孩子一起学习的乐趣。当教师致力于认真倾听时，他们会对孩子们关于世界的逻辑思维和聪明见解感到惊讶。

充满对话的学习环境

许多针对教育环境中语言使用的研究发现，教师的声音往往是教室里最响亮的。这里说的“响亮”并非指音量最大，而是指在许多教育场景中，大部分的话语都是由成人而非孩子发出的。在教师主导谈话的学习环境中，对话往往具有以下特征。

- 教师通过“提问—回答”的模式来掌控对话。
- 对话仅仅是从教师指向儿童，再从儿童返回教师。
- 提问使孩子们围绕主题展开的思考变得单一化，或者导向一个“正确”的答案。
- 教师在心里将孩子们的想法标记为“正确”或“错误”。
- 教师通过给儿童下达指令和指示来掌控学习情境或进程的所有方面（这被称为“单向谈话”）。
- 教师因不理解而忽视孩子们的想法。
- 教师在孩子们没有足够时间思考并充分表达自己的想法之前就匆匆进入下一环节。
- 对话因要适应紧凑的日程安排或教师自己的教学安排而变得十分仓促。

在这种情况下，教师怎样能了解孩子们如何看待和理解世界？孩子们怎样才能相信他们的想法对身边的成人来说很重要？孩子们在哪里有机会提出对他们而言重要的问题，或者探索自己的想法？在这种环境中，孩子们会觉得只有成人的想法才是重要的。这种状态需要改变。我们需要在早期学习环境中更清晰地听到孩子们的声音。

当学习环境中的对话旨在探索孩子们的想法并深化他们的学习时，它会是什么样子的？在这样的环境中，对话具有以下特点。

- 听到最多的是儿童的声音。

- ¤ 教师的对话旨在发现儿童的想法。
- ¤ 儿童互相交谈。
- ¤ 儿童有时间去思考。
- ¤ 话题与儿童的兴趣、探索和疑问相关。
- ¤ 对话被记录和解读以揭示儿童的想法和思考的过程。
- ¤ 对话被用来拓展儿童的思维。

教师该如何做到呢？教师不仅仅是要坐下来倾听儿童的话语——尽管这是一个不错的开始！除此之外，教师必须以多种方式支持儿童之间以及儿童与教师之间的对话。在一个对话氛围浓厚的早期学习环境中，教师会做以下事情。

- ¤ 在一天中的各个时段为儿童提供对话的时间和空间。
- ¤ 鼓励儿童之间的对话以及教师与儿童之间的对话。
- ¤ 认真倾听儿童，对儿童的想法和观点表现出兴趣。
- ¤ 相信儿童的聪明才智，相信儿童有能力对涉及自身的重要议题进行充满智慧的、抽象的思考，认真对待儿童的反馈。如果他们表示不理解，教师要提供更多的信息或进行澄清，以促进儿童思考。
- ¤ 提供积极且真实的生活体验，让孩子们有值得谈论的、有意义的话题。
- ¤ 记录对话内容，并利用这些内容来了解儿童的学习情况，与家长建立联系，发展儿童的学习品质和技能，以及指导课程计划。
- ¤ 与同事和家长合作，从儿童的对话中挖掘出更多的信息和想法。

为了更深入地了解儿童的对话中所蕴含的想法，本书介绍了在早期教育环境中营造对话文化的方法。书中将向你展示如何多倾听、少说话，以及如何在学习环境中聚焦孩子们真正的兴趣开展对话。你将学会如何创设环境以促进孩子们之间的对话，以及如何引导儿童小组、一对一和全班的对话。最后，本书还将帮助你记录并解读所听到的对话内容，以便你能够在教学中构建让儿童投入其中的课程和学习环境。

从其他教师的故事中学习

我从事早期教育工作已有多年。我的教学生涯始于澳大利亚的一所乡村小学。目前，我在澳大利亚和美国担任教育顾问。在过去六年左右的时间里，我一直在深入思考如何让所有孩子都能更充分地投入学习。我认为教师需要更用心地倾听儿童的想法，并挖掘儿童的潜力，以实现这一目标。

我的这一想法是在多年前致力于建立合作、民主的课堂时产生的，但真正将我对儿童思维的好奇心转化为实践热情的是那次在意大利北部的瑞吉欧·艾米利亚市的学习考察之旅。在考察活动的开幕式上，仅仅 5 分钟，我就感到自己在专业上找到了归属。很快我就被震撼了，因为我意识到瑞吉欧教师对儿童学习的深度思考对我来说是一个极大的挑战。瑞吉欧的教育工作者们促使我更深入地思考课程设计，并激励我为儿童创造一种不同以往的教育体验。

作为一名教育顾问，我有大量的机会与众多才华横溢的教育工作者合作和学习。本书向你展示了在我们的学习和工作中，一些教师对认真倾听儿童这一挑战的不同反应方式。书中的案例主要来源于 PS 347[①] 学校（曼哈顿美国手语和英语初等学校，这所学校有着悠久而光荣的历史）教职工和儿童的经历。自 2002 年以来，我一直与这个团体密切合作，并每周与他们进行一次咨询交流。作为顾问，我的职责是促进教师的专业学习。通过这项工作，我和教师们一起探索孩子们话语背后的含

① “PS”即“Public School”（公立学校），“347”为该校在当地教育局注册的编号。——译者注

义，并研究如何利用对话来揭示孩子们的想法。PS 347 学校的教师们通过提问和实验，不断探索倾听儿童想法的不同方式。他们互相学习，从错误中吸取经验，最重要的是，他们始终从孩子们身上学习。

PS 347 学校位于曼哈顿一条繁忙的街道上。这是一所涵盖学前班至小学六年级的初等学校，有六个学前班。孩子们接受双语课程，学习美国手语和英语。为了给儿童提供强大的语言榜样，每个班级都配有两名教师：一名教师的第一语言是美国手语，另一名教师的第一语言是英语。这里的儿童包括听障儿童和听力正常的孩子。但许多听力正常的孩子都有聋人亲属，通常是父母一方或双方是聋人。因此，这些孩子的第一语言是美国手语。许多学校或幼儿园里都有这样的孩子，他们所用的日常语言并非社会的主流语言。你所面对的情况可能与此不同，但当你阅读本书时，人类普遍的经历（如人际交往、人与人之间的关系及共同学习等）将会把我们联系在一起。

本书的理念已在实际的教学情境中得到了实践和检验。其中有一些故事来自家庭，来自儿童保育机构，还有一些故事来自我身边的真实案例（对相关儿童的名字，我已经做了虚构处理）。在阅读过程中，你会看到很多不同年龄的年幼学习者的故事。他们丰富了我对学习和教学的理解，希望他们的故事也能给你带来启发。

如何使用本书

本书在开篇探讨了学习理论。第一章论述了学习理论以及通过对话帮助儿童学习的方法。它将帮助你审视自己的儿童观，以及思考如何与儿童共处。

第二章探讨了能吸引儿童参与并支持其学习的对话的特征和类型。为了确保儿童在学习环境中持续发出自己的声音，我们需要对学习环境和课程进行深思熟虑的规划。

第三章讨论了学习环境和课程设计。我为大家提供了一些实用的建议，涉及环境的空间布局、时间安排、材料组织以及最有效地促进对话的学习情境。

第四章探讨了教师在促进对话中的作用。通过来自各种学习环境的实践案例和故事，第四章阐述了引导儿童小组学习、向儿童提问、深入探究儿童对新经验和新知识的理解以及组织对话的策略。

教师需要系统的方法和策略来支持自己倾听和记录儿童的想法。第五章详细介绍了一些策略，你可以使用这些策略记录儿童的对话，以便进行解读和制订课程计划。其中包括记录对话以及衡量哪些对话值得记录和转录的具体方法。你还将找到一些实用建议，这些建议将有助于你设定切实可行的目标，从而开启记录这一过程。

第五章的内容为后续章节奠定了基础，第六章将更深入地探讨解读儿童对话、理解儿童想法的策略。我们倡导在一个协同合作的过程中解读对话。在这一章中，我们还讨论了如何与同事和儿童家长共同营造对话文化。

本书是关于对话的。但你所在学习环境中那些因各种原因不参与对话的孩子怎么办？他们为什么会这样？也许他们的语言发育迟缓或表达能力正在发展中。也许他们的第一语言与你所在环境的主流学习用语不同，所以他们在表达自己时感到沮丧。那你该如何倾听他们？在你所在的学习环境中，你该如何让他们的声音被听到？第七章探讨了教师在倾听那些语言尚在发展中的儿童时所面临的挑战。我用了真实生活中的师幼互动案例来阐述教师如何“倾听”儿童的绘画、游戏和建构作品，以及如何重视儿童的非语言表达。

最后，你可能会希望运用自己从促进、记录和解读对话中所获得的理解和知识。这样，你就可以进一步激发儿童的学习兴趣并丰富他们的学习体验。第八章讨论了如何与家长沟通、与儿童分享（这有助于儿童发展诸如自我反思和目标设定等学习技能）以及如何制订课程计划。书中列举了通过儿童游戏、绘画、搭建活动、材料探索、实地考察和促进性对话等方式拓展儿童思维的例子，从而使你将学习理论与日常学习和教学实践联系起来。

在你读完这本书后，教学对话对你后续的学习进程至关重要。孤立地尝试新想法不但困难，而且具有局限性。通过与同事交流，你会听到不同的观点，从而拓展自己的理解。正如我们承认孩子们从彼此的对话中学习很重要一样，作为教师，你也会从与同事的对话中受益。这会为你提供一个机会，以新的视角审视你与孩子及其家庭的关系，以及你在促进儿童学习方面的作用。你关于学习和教学实践的想法或理论（以及你同事的想法或理论），可能会受到挑战、质疑、肯定或被补充。在本书中，你会发现名为“建构你自己的理论认识与实践”的部分。这部分的设置初衷是希望你能与同事分享阅读心得，并在活动建议的指引下将你所读到的内容与自身实际情况联系起来。就像有一句谚语说的“众人拾柴火焰高”，对此我补充一句“群策群力学识深”。

在阅读本书之前，有两个方面需要你特别留意：你会发现我在各章节中交替使用了特定性别的表述。我这样做是为了方便你的阅读，而非对教育中的性别角色持有特定的观点。我在使用“教师”“教育环境”“学习环境”和“家庭”等术语时强调的是广义的概念。也就是说，“教师”一词用于描述所有在教育环境中面向幼儿开展工作的成人。在我看来，这包括有大学任职资格的教师、助教、家庭保育提供者，以及其他可能在学习环境中工作的专业人员，如语言教师、社会工作者和职业治疗师等。我所使用的“教育环境”或“学习环境”这两个术语涵盖了小学、学前班、托儿所，以及私立性质、社区性质的学前教育机构或早期学习中心。我使用“家庭”“家长”而非“父母”，是为了将非核心家庭的家庭成员，如祖父母、继父母和其他监护人包括在内。

与我共事过的最优秀的教育工作者，是那些能将理论和研究作为工具，以观察世界、理解儿童以及创设学习环境的人。理论不应只是被阅读和讨论，而应成为一种鲜活的实践，因为教师们会将其与自己教学环境中的学习情况相联系。他们并不将运用理论和研究成果视作终点，而是将其视作发展自身学习理论和实践的起点。他们从其他教育工作者那里学习，对自己的教学情境进行反思，并做出符合自己环境、教学实践以及儿童独特生活和兴趣的决定。我希望在阅读本书的过程中，你能发展并深化自己关于学习与教学之间关系的个人理论。本书是我对你发出的邀请，邀请你对所读所思的观点加以理解，将其与你自己的先前知识和经验相结合，根据需要进行调整，并内化为自己的理论认识。在这样做的同时，你便开启了一段充满挑战的旅程，能够触及像安东尼和布里塔妮这样的孩子的内心，他们最需要的是有人足够关心他们，并真正地倾听他们。

第一章

儿童的学习与你的儿童观

我在搭积木（梓可，5岁）

对于教师来说，理解学习理论是很重要的。学习理论旨在解释学习是如何发生的。它是一套关于学习与有效教学的理念。当你研读并思考学习理论时，你会形成自己的一套学习观。正是这些观点，抑或个人理论，引导着教师的日常言行，而教师的言行又会通过创造出相应的环境来支持儿童的对话学习。当然，教师不恰当的言行也会扼杀儿童互相交谈、彼此倾听的机会。因此，如果你想建立一种让儿童参与的对话文化以促进儿童学习，那么理解并学习阐释儿童是如何通过对话来学习的理论就非常必要了。

形成清晰的个人理论之所以重要，还有另外一个原因：个人理论会影响你对世界的认识。我们每个人都基于自身的信念、价值观来解读自己的经历、观察到的事物和现象以及自己和他人的对话。

例如，三位教师同时看到了一个孩子扔积木的行为，但是他们对孩子的行为动机可能有截然不同的看法。一位教师也许认为这是孩子调皮的表现，另一位教师也许觉得这个孩子这么做是为了引起他人的关注，而第三位教师也许认为这个孩子是因为无法用语言明确表达出自己的需求而感到沮丧。以上每一种观点都跟教师个人的学习观和儿童观有关。第一位教师相信（也许是无意识的），孩子是需要被教育和被训练的，这样才能成为好孩子。第二位教师相信孩子一直在不断寻求关注，因此才会有这样的行为表现。第三位教师则相信孩子的行为是其内部情感的外部表现。

厘清个人理论的最佳方式，是与你的同事一起阅读学者的著作，并对其展开讨论。这些学者的理论会挑战你原有的学习观念，指导你形成新的学习理论，并应用这些理论来认识和理解儿童的学习。

另外，如果想让这些理论对你有所帮助，你就需要把它们与你所处的教育情境和日常工作实践联系起来。你需要弄清楚这些理论是如何应用于实践的，这样做也有助于你发展和丰富自己的学习理论。当然，作为教师，仅仅能够清晰地描述出自己对学习的理解是不够的，你还必须知道儿童在做些什么，他们的所作所为与学习理论有怎样的联系，否则，理论便只是纸上空洞的文字。真正赋予理论以生命和意义的是你的亲身经验——你的日常教与学的实践。当你将理论与实践相结合时，你将会有很多“哇”时刻，产生很多灵感，然后你就会突然理解理论：“啊哈，原来是这么回事！”你可以通过反思以下问题，将理论与你所处的教育情境联系起来。

¤ 我在什么情境中看到儿童的学习方式与理论中所描述的学习方式一致？

¤ 在我和儿童的共同经历中，哪些是与理论相符的？哪些是与理论不符的？

¤ 这个理论是否能解释清楚儿童怎样学习才最有效？

¤ 这个理论与我关于儿童学习的其他信念一致吗？

¤ 这个理论是否会促使我对儿童的学习进行新的思考？

教师们频繁地用理论或研究来证明自己在“正确的”道路上，以“正确的”方式进行教学。事实上，不存在一种对所有学习者都适用的“正确的”教学方式。提倡“唯一正确的教学方式”的观念是很危险的，这样做会阻碍教师在设计课程时考虑那些真实的儿童，甚至忽略儿童的实际需求。因为在这种观念的指导下，教师是在按照一种“配方”——完美的课堂计划、完美的环境创设——采用所谓的“唯一正确的方法”来进行教学。事实上，当教师按照某些理论（通常这些理论都会有配套的课程）来进行教学时，他们便开始忽视儿童。在本书中，我提倡另一种设计课程的方法，这种方法使教师跟随学习者而非书本。那如何做到这一点呢？你可以在学习环境中创设一种对话文化，不断促进儿童的学习和思考。其重点在于“学习”，我们要关注发生在学习者身上以及学习过程中的那些不可预测但令人惊奇的智慧火花。

理论对教师作为教育者的成长至关重要。关键在于你如何使用理论与研究成果。你是在运用理论去证明自己在做“正确的”事，还是去深化并挑战你的个人思想和观念？对于你自身的学习以及儿童的学习而言，后者所起的作用更大。本章阐述了儿童的学习方式以及对话在促进儿童学习中的作用，这将为你自己建构教与学的理论奠定基础。

儿童是如何学习的

我想先明确一下我所使用的“学习”这个词的含义。在世界各地不同的早期教育环境中，大家对学习的概念有不同的理解，但这些概念几乎都不是由那些与儿童朝夕相处的教师来界定的。一种传统但普遍的学习观认为，学习是儿童模仿教师行为的过程。例如：如果安东尼能够按照教师教授的方法来唱字母歌，那就意味着他学会了字母；如果他能依照教师的示范，画出有标准形状的耳朵和鼻子、嘴两边还各有三根胡须的兔子，那就意味着他了解了兔子的特征；如果布里塔妮能够正确地回答教师所提出的问题，那就意味着她已经掌握了相关的知识。这种学习观只关注教师预设的课程内容，这种课程设计将儿童置于思考之外。

然而，许多教师和理论研究者对学习的本质持有截然不同的观点。他们认为，在界定“学习”的概念时应该关注对知识的“理解”，而不只是对行为的复制和对事实的回忆。在他们看来，对行为的复制和对事实的回忆并不代表安东尼和布里塔妮全身心地投入了学习。比如：对于安东尼来说，也许他早已掌握了字母表中的许多字母，但是他仍然需要上许多堂背诵字母表的课，而上这些课时他根本没有学到任何新东西；对于布里塔妮来说，也许她对水是如何变成冰、变成水蒸气的问题感到困惑，但因她正确地回答了教师的问题，这些困惑被掩盖了，没有得到有效的解答。因此，教师应该采用一种积极的视角来看待儿童的学习，比如，如果教师想要了解安东尼是否已经知道了一些拼写规则，即字母如何组合成单词、这些单词如何连接并传递信息，可以让他书写他滑雪时所需装备的清单。再比如，如果教师想要知道布里塔妮是否理解了水的三态变化的相关知识，可以在她制作果冻布丁或者看水壶烧水时，观察她并就她所掌握的知识与她进行谈话。这些经验都清楚地表明，儿童已经发展了对知识的理解力，或者说，他们已经真正学习并掌握了这些知识，这种学习是积极主动的，而不仅限于模仿教师或者以“正确的”答案回答了教师的封闭性问题。

本书探讨了一些关于如何促进儿童有效学习的观点。理解这些观点将有助于你把它们与具体的教育实践联系起来，发展你自己的学习理论。以下观点对于你理解对话在儿童学习中的价值很重要。

- 学习者主动地建构自己对知识的理解。
- 学习基于先前经验。
- 学习发生在真实的、社会化的情境中。
- 认知冲突在学习过程中至关重要。

学习者主动地建构自己对知识的理解

许多理论研究者认为学习是一个积极主动的过程（Garhart Mooney，2000）。学习不是学习者被动接收知识、被灌输知识的单向过程，而是学习者主动理解新信息或新经验的更为复杂的、动态的过程。一些脑科学研究结果也证实了学习者是通过经验来主动建构他们对新知识的理解的（Jensen，2005）。当学习者将新知识和自身经验联系起来的时候，他最可能记住并理解所学习的东西。幼儿尤其需要在学习过程中成为一个主动的参与者。以“影子随人体的移动而移动”这个知识点为例，相较于直接告诉幼儿这个知识点，更有效的学习方式是让他观察朋友的影子并跟着朋友在操场上移动，或者观察自己做出的手影来发现这个知识点。这样幼儿会明白自己的影子是随着自己而移动的，这个发现的过程正是他亲身经历、主动建构知识的过程。这种理论观点促使教师反思怎样让早期学习环境成为让学习者主动探索、积极思考、彼此交流、喜欢提问以及建构知识的地方。

学习基于先前经验

每个学习者在进入一个教育情境学习新知识之前，就已经具备了对一些事物的原有认识和看法。让我们看看下面这段一名教师和两名 4 岁儿童关于雪的对话。

教师："看看窗外！你们看到什么了？"

曼妮："下雪啦！"

伊芙："雪落下来了！"

教师："下雪的时候，你们一般都会做些什么呢？"

伊芙："穿上靴子。"

曼妮："我还会穿上我的外套。我和爸爸会堆一个雪人，我们还会在雪人上面放一根胡萝卜当鼻子。"

伊芙："我还会给雪人围上我的围巾。"

教师："你的雪人有围巾呀？下雪的时候你还会做些什么呢？"

曼妮："我还会朝我爸爸扔雪球！"

教师："啊，天呐！还有呢？"

曼妮："他抓住我，我们一起在雪地里玩，靴子上都是雪，回到家里的时候，我们只好把靴子放在外面。"

曼妮和伊芙围绕"雪"谈论了很多内容。她们的这些知识来源于自己的生活经验。有时候我们称这些原有的经验或者认识为图式（Owocki，1999，p.42）。随着新经验的增长以及新旧经验的交互，图式也在不断地发展、变化。当学习者将新的经验或观点与已有的图式联结起来时，学习就发生了。这是一种主动建构对新知识或者经验的理解的过程。作为教师，你要为儿童提供能够引起他们思考的新经验，这样才可能建立新的联结。若想有效地做到这一点，你就需要尽可能多地了解儿童的先前经验。只有了解了儿童原有的知识与经验，你才能识别并提供最适合他们的学习经验；否则你所提供的学习经验要么不足以让儿童已有的图式发生改变，要么与儿童的原有生活经验相距太远，使儿童无法联结并整合新经验和已有图式。

建构你自己的理论认识与实践

通过“头脑风暴”的方法，列举出你班上的孩子所具备的先前经验。对照你所列出的内容想一想，哪些原有的经验和知识是他们进入班级时就已经具备的？对某个孩子或一群孩子来说，哪些原有的知识和经验是其独有的？

你怎样才能尊重、关注并利用班级、幼儿园或社区中来自不同家庭、不同文化背景的孩子的原有知识和经验呢？

学习发生在真实的、社会化的情境中

学习并不是孤立发生在我们的大脑中的。学习应该与我们的生活经验联系在一起，生活经验赋予学习以现实的意义。蒙台梭利（Montessori）和皮亚杰（Piaget）的理论表明，只有在真实的生活情境中，儿童才能最大限度地参与到学习活动中（Garhart Mooney，2000）。因此，当儿童探究植物的生命周期时，让他们种植向日葵比给图片上的种子、太阳、水、树叶、花朵涂色更有意义，也更能吸引他们参与进来，因为种植向日葵是一种真实的学习情境。

老师和我一起种花（伊伊，5.5 岁）

曼妮和伊芙关于雪的对话与她们的生活经验有关，她们对雪有真实的体验。她们在对话中引入先前经验，这些先前经验与她们当时所处的下雪情境相关，这样她们就有话说了。因此，如果学习活动与儿童原有的生活经验和认识有关，那么就更有可能吸引儿童参与进来。谈论与儿童先前经验有关的话题也能确保儿童在与他人对话的时候有话可说——他们可以谈谈自己的经验或想法。久而久之，他们就会越来越愿意参与到新经验和新知识的学习中，因为对于他们来说这些新知识和新经验是与真实的生活相关的。

学习者也通过社会互动来建构新的理解。维果茨基（Vygotsky，1978）认为，社会互动是促进学习最关键的因素。当儿童彼此倾听和交流的时候，他们对世界的不同认识和看法会互相碰撞，从而刺激他们建构新的理解。这种教育情境为儿童提供了一次共同探讨和共同交流的机会。当儿童和朋友、成人互动时，他们的思维会得到拓展，他们对概念的理解会变得更为深刻。

举个例子，请想象这样一个场景：乔希、卡洛斯和凯莉安（三名 4 岁的儿童），正在一起用纸板箱搭一艘宇宙飞船。通过彼此之间的互动，他们学到了解决问题、搭建模型的不同方法，也获得了关于宇宙飞船的新认识。乔希向他的朋友们演示如何切割一个箱子，使它能够平放而不倒；卡洛斯向其他孩子讲述了宇宙飞船飞向太空的令人兴奋的故事，还让其他孩子一起想象他们的宇宙飞船将会做什么；而凯莉安坚持宇宙飞船的顶部应该是一个尖头，并向两个男孩展示了太空旅行书上的一张照片来准确地解释她的想法。在互动中，他们拓展了原有的图式，也建构了新的理解。

认知冲突在学习过程中至关重要

在许多社会文化中，冲突经常被等同于社会冲突，是需要避免的问题。然而，认知冲突是学习的必要条件。学习者需要某些能与自我图式产生冲突的东西去激发思维。如果没有崭新的经验，没有不同的角度，没有新信息或与已有的图式相联系的不同想法来激发思维，学习者对某件事物的理解就不会发生变化。

认知冲突通常会发生在两个或两个以上持有不同观点的人之间。凯莉安指出宇宙飞船有一个尖头很重要，这一观点引发了乔希和卡洛斯的认知冲突。

认知冲突也发生在已有图式受到经验挑战的个体学习者的思维内部。对曼妮和伊芙来说，收集雪球并观察它们在室内的变化，就是经历认知冲突的过程，这促使她们建构对于雪的新理解。

以 2 岁的萨姆为例。在玩网球、沙滩排球和篮球的过程中，他已经形成了一种图式——球会反弹。当他拿到一个装了豆子的布袋球时，他觉得这和网球的玩法一样，因为他的图式告诉他球会反弹。但是，当萨姆把布袋球扔向地面、期待它反弹回来时，结果却并未如他所愿。布袋球带来的新经验与萨姆对于球的已有认知产生冲突，进而引导他去调整自己的图式。瑞吉欧教育者经常把这种认知冲突称为“激发”（Edwards，Gandini，& Forman，1998）。在第二章中，我们将探讨如何通过促进性对话来创造产生认知冲突的机会。

建构你自己的理论认识与实践

你对“学习”的认识是怎样的？你认为儿童怎样学习是最好的？请把你的观点列出来。不要参考任何图书或课程文件，把内心的想法写下来。作为教师，经常厘清自己的认识是很重要的。

作为教师，你的行为是如何体现这些认识的？找个笔记本，写下每一条观点，把它们作为每页的标题。在每个标题下面，写下在日常教学中体现你对“学习”的认识的所有内容。你的行为、你所提供的材料、你和儿童在一起时的用语、每日活动安排，还有你和家长的互动，是如何体现你的认识的？你是否注意到你的认识与你每天的行动之间的差距？

为什么对话对学习很重要

随着人们逐渐理解“社会化情境中会产生最有效的学习”，对话在促进学习中所扮演的角色也变得更加清晰。对话是我们互相交流认识、想法、感觉和困惑的最有力工具。它之所以能促使儿童主动建构对世界的认识，是因为：

- 对话有助于组织思维和想法；
- 语言可以透露先前经验；
- 对话为社会性学习提供情境。

对话有助于组织思维和想法

对话，无论是内部的自言自语，还是外部的对话，都是组织思维和想法的最有力工具（Ritchhart，2002）。当我作为学习者意识到这一点的时候，借此来助力我的高中学习已为时过晚。在我上学的时候，我有点像布里塔妮。我是个好学生，但我学到的是如何通过考试取得好成绩，因为我想让我的家人和老师高兴。我并没有投入学习，因为我没有发现学习内容之间的联系，也没有用心去理解老师所教的内容。我一心想着通过考试拿到高分，而不是理解知识本身。我没有意识到对话会帮助我理解，所以现在我几乎不记得自己在高中数学、历史、科学、地理课上所学的内容。我在英语课上研读小说，但我现在已经无法和你谈论它们。我在课堂上几乎不发言，因为我担心自己会说出错误的答案，或者由于不理解一些内容而被其他同学视作愚蠢的人。总之，我并没有利用对话这一强大的工具来理解和记住这些新知识。

奥利弗·萨克斯（Oliver Sacks）在《看见声音》（*Seeing Voices*）① 一书中，谈论了人们对语言的绝对需要。他向我们展现了贫乏的交流如何“导致人的智力发展受限，让人变得羞怯和被动”，以及提供许多对话机会的文化如何“唤醒人的想象力和头脑，使人产生伴随其一生的自我满足感、胆识、趣味和幽默”（p.55）。

我们需要借助语言才能成为思考者。萨克斯说，“我们从对话开始，从外在的、社会化的语言起步，但随后为了思考，为了成为我们自己，我们必须转向独白，转向内在的自我对话”（p.59）。我们的内部对话是思维的一种表现形式，也是思考发生的场域。我们的思考依赖自身的内部语言，以及我们与自我对话的能力。同时，我们的思考以及我们作为认知个体的持续发展也依赖外部对话，正是通过与他人的对话，我们学习如何运用语言。简单地说，我们通过外部对话学习语言，然后才能与自己的想法对话。对话是学习的“通行证”。

① 该书中文版已由中信出版社于 2016 年出版。——译者注

建构你自己的理论认识与实践

花点时间想一下你周围的孩子以及他们目前的学习方式。什么令你感到好奇？你是否想了解他们在角色扮演游戏区的社会性学习？你是否对孩子们在沙池中采用哪些学习方式感到好奇？孩子们画画时的互动是否激起了你的兴趣？不管怎样，请用 10 分钟把这些问题的答案写下来。不用担心语法、拼写或书写风格的问题，把你的想法写下来就行。然后，回想你写的那一刻：当你将想法变成文字的时候，发生了什么？你的语言是如何帮你组织思维和想法的？

语言可以透露先前经验

儿童的谈话会透露他们有关周围世界的先前经验的蛛丝马迹。整理这些线索将有助于你为孩子们提供引人入胜的学习体验。还记得曼妮和伊芙关于雪的对话吗？她们的对话透露着她们对于雪的一部分先前知识和经验。这表明她们已经知晓：

- 雪摸起来的感觉是怎样的；
- 堆雪人的时候，雪可以堆在一起变成不同的形状；
- 雪是冷的，下雪了意味着天气冷了；
- 雪天出门的时候要穿保暖的衣服；
- 在雪地里你可以和家人玩得很开心；
- 你在雪地里穿的靴子不能带进室内。

理解了儿童的先前经验，你就会知道建构课程的起点。例如，对于那些生活在夏威夷且从未见过雪的孩子，或者与曼妮、伊芙有着不同的关于雪的先前经验的孩子而言，学习雪的出发点是不同的。针对这两种儿童的课程需要从不同的经验出发去引发认知冲突，拓展他们已有的图式。仔细倾听儿童的对话会为你提供所需的信息，有助于你为那些独一无二的孩子设计出最能让他们参与其中的学习环境。

对话为社会性学习提供情境

在你的教育环境中，你可以给儿童提供许多社会性学习的机会，如搭积木和玩想象游戏。在这些机会中，儿童之间的对话为社会性学习提供了情境：儿童倾听他人的看法和观点，然后讨论、协商、产生新的想法。你的支持会引导对话，确保儿童听到他人的想法并把新想法与已有图式联系起来。如果儿童没有谈论他们的经历和思考，这种建立联系的学习行为就可能不会发生。对话本质上是社会性的，为儿童提供场域、时间和机会去分享他们的经验、思考和问题。以下是我（莉萨）和 6 岁的尼古拉斯、查理谈论他们怎么学会吹口哨的对话，请注意其中丰富的观点交流，他们似乎在思考过程中汲取了彼此的想法。

莉萨（成人）："你是怎么学会吹口哨的？"

尼古拉斯："我并没有真的学吹口哨。"

莉萨："但你现在能吹口哨，对吗？这是怎么回事？"

尼古拉斯："事实上没人'教'我怎么吹口哨。"

莉萨："真有趣。那你不用别人来教你，就会吹口哨？"

查理："你只需要看书，然后学着做。"

莉萨："所以你是这样学吹口哨的，尼古拉斯？"

尼古拉斯："不是的（大笑）。我没有学习吹口哨！有一天我很自然地就会吹口哨了。"

查理："我是在玩这个玩具飞机时学会吹口哨的，当它……"（吹起口哨，演示怎么用手拿玩具飞机，就像它在飞一样）

尼古拉斯："实际上，当时我在幼儿园里，我的一个朋友正在吹口哨，我试了一下，然后我就会了。我看着他，然后我就会了！"

查理："其实你只要学习和尝试就行，就是这样。"

儿童的学习与教师的儿童观

佩姬和戴夫班里的那些 5 岁孩子探索积木的搭建已经有一段时间了，并且用积木搭建了令人惊奇的作品。每天“探索时间”结束的时候，教师会让儿童决定是把积木收好，还是把搭好的积木留着，以便在第二天继续搭建。费莉西蒂、卡琳和安妮三个女孩用积木搭建雪花工厂已经将近两个星期了。她们每天都用心地搭建，并写了一些小牌子向参观者介绍工厂的不同区域。她们把所有的厚纸板、冰棒棍都放进了工厂里，导致其他儿童都不能使用这些厚纸板和冰棒棍。她们还创编了关于这个雪花工厂的故事，并且设想了用厚纸板做成的小人在工厂里进行的活动。

当我这周三走进教室的时候，佩姬把我叫了过去，告诉我出现了一个难题。“这不公平，”布赖斯对佩姬说，“她们每天都玩积木。”“我们也想玩。”另一个孩子爱德华说道。“我觉得他们的观点是合理的，但我不确定处理这件事的最好方案是什么以及怎样向所有孩子的工作表示尊重。我觉得戴夫和我需要在做出决定之前，先和孩子们说说这件事。”佩姬解释道。

佩姬和戴夫处理这个难题的方式，在很大程度上体现了他们是如何看待自己照料的孩子，以及如何看待童年的。如果他们决定直接命令费莉西蒂、卡琳和安妮把积木收起来，以便布赖斯和爱德华可以玩积木，那么教师们就控制了整个局面。但这种决定反映出的观念是：儿童没有能力去协商、解决问题或者做出决定，因此教师需要为他们做出“公正”的决定。

另一种看待儿童的观念是：儿童能够思考并做出决策。如果佩姬和戴夫持有这种观念，那么他们相信儿童会针对积木问题进行协商，而且他们会在引导过程中将决定权下放给儿童。这是佩姬和戴夫讨论了现状后决定采取的方式。一旦他们有时间去反思自己的儿童观，他们就会发现，除了问孩子们“你们觉得我们要怎么解决这个问题？”之外，没有更好的办法。

第二天早上我又回到了班级里，发现佩姬、戴夫和孩子们对着雪花工厂围成半圆坐着。他们在开班会，孩子们正在讨论协商解决问题的方案。女孩们向大家解释她们的作品，很明显她们为此付出了很多努力。布赖斯和爱德华表达了他们不能玩积木的感受，并强调了他们也想玩积木的愿望。教师们引导孩子们列出可行的解决方案，然后他们一起讨论方案的可行性。孩子们共同决定：女孩们还有两天的时间去搭建她们的雪花工厂。在这两天中，她们要完成作品并想出记录这段搭建经历的办法，如此一来，在周五的“探索时间”结束，她们把积木收起来之后，这段经历就能保存下来。男孩们（还有其他想玩积木的孩子）可以在下周一开始玩积木。教师在此期间起到了引导作用，确保孩子们考虑到了不同的选择，而且每个人的意见都被听到，最后孩子们自己想出了解决方案。费莉西蒂、卡琳和安妮在周四、周五一如既往地工作，并记录这段搭建经历：为她们下周要做的书拍照；在一张很大的纸上画出楼层的设计图；记录了一部分她们搭建工厂的故事。当周五下午来临，该收起她们伟大的作品时，她们完全没有觉得不舒服。

这个故事告诉我们，反思自己对儿童的看法是多么重要。你的观念会影响你作为教育者所做的所有决定。你的儿童观会影响你创设与儿童对话的时机以及在对话中与儿童互动的方式。

你的儿童学习观

正如戴夫和佩姬一样，对你而言，清楚地明白自己的儿童观是很重要的。你觉得儿童是什么？对于“儿童是积极的学习者，是和你密切相关的人”这种说法，你的看法是什么？成人倾向于持有两种观点：一种观点认为，儿童是“空白的”；另一种观点认为，儿童是有能力的。你所持有的观点（或你处于这两种极端之间）会影响你对待儿童的方式——你如何与他们互动，如何向他们提问，如何回应他们的想法以及他们不断涌现出的有关世界的“幼稚理论”[①]。在辨析这两种儿童观时，思考一下你对儿童的认识是什么，你从与你共处的儿童身上看到了什么。

“空白的”儿童

持这种观点的教师认为：

- 儿童是白板，是空白的，等待被知识填满；
- 儿童没有能力去做出决定、解决问题、通过协商做出决策，儿童需要一个成人为他们做决定；
- 儿童的发展尚未成熟，还没有做好准备进行复杂或抽象的思考和假设；
- 儿童是孤立的、个体的学习者；
- 儿童依靠更有能力的成人去学习；
- 当教师直接传授经验且儿童遵循教师的要求去做时，学习就发生了；
- 儿童的先前经验（在幼儿园之外、在入园之前发生的学习）并不重要，在某种程度上，“空白的”儿童实际上没有“任何”对学习有用或与学习有关的先前经验；
- 所有的儿童需要在同一地方按照相同的方式或路径学习课程。

如果戴夫和佩姬持有这种观点，他们班里的孩子就不会被允许对积木问题做出决定，因为教师觉得孩子没有能力去思考和解决问题。持有

① 当代认知心理学认为，儿童天生具有理解世界的强烈愿望，即使是年龄特别小的儿童也会组织来自外部的各种信息。每个儿童都会基于自身经验，结合个人经历、气质、个性以及文化，形成自己独特而持久的有关世界及其变化的理论。儿童心理学家皮亚杰称之为“幼稚理论”。——译者注

“儿童是空白的”这一观点的教师，或许会采用这样的方式来解决难题：告诉女孩们，她们玩积木已经够久了，必须把积木收起来，让其他孩子轮流玩。教师这么做的理由也许是女孩们的年龄“太小了”，无法协商，无法换一个角度思考他人的观点，或者是女孩们的认知还没有发展完善。这个观点认为，因为儿童自己无法做出决策，所以更多地需要有能力的成人来为他们做决定。

这样讨论“儿童是空白的”这一观点似乎很极端，并且任何一个了解孩子的人怎么会认为儿童是“空白的”呢？然而，如果你注意一下，你就会发现很多幼儿园课程隐含着一个假设：儿童是没有能力的，而且没有任何重要的先前经验。

有能力的儿童

持这种观点的教师认为：

- 儿童是有知识、有能力的；
- 儿童是独立的主动学习者，并不完全依靠成人来学习；
- 儿童是机智、聪明的，他们拥有策略和技能，可以运用这些策略和技能去学习、发明、交流、思考、解决问题和创造；
- 儿童是社会中的一员，他们从自己与他人（成人和其他儿童）的交往中学习；
- 即使教师不直接指导儿童，儿童的学习也能够发生，而且确实会发生；
- 在幼儿园外获得的先前经验和学习，与在幼儿园内的学习同样重要且有价值；
- 课程是开放的、灵活的，能满足不同学习方式、认知风格的儿童的学习需要，换言之，课程不应该是“一刀切”的。

“儿童是有能力的”这一观点与我们前面探讨的学习理论相一致。

如果你认为学习是由学习者主动建构的，那就说明你认为儿童是有能力建构知识经验的。否则，你个人对学习的看法与你对儿童的看法就是不吻合的。

当你认为儿童能够进行复杂、抽象的思考时，你会把他们的观点和涌现出的想法视作他们赋予世界意义的方式，并会因此重视和尊重它们。反之，你会觉得这些想法是错误的，会低估儿童的思考，并且认为他们无法将想法与已有图式联系起来。

如果你认为学习始于先前经验，而且所有的学习者都拥有自己对周围世界如何运作的独特理解，那么你必然将儿童视作有能力的人，因为他们带着已有想法和经验来到你的面前。你无法将儿童视作白板，因为他们的先前经验和认识已是他们的一部分。

当你认为认知冲突对学习至关重要时，你必然将儿童看作能够从认知冲突中学习的主动学习者。也就是说，你认为儿童面对激发他们思考的刺激或经验时能够独立建构新的认识和理解。

如果你认为最有效的学习发生在社会和真实环境中，你就会觉得儿童能够从他人（成人和其他儿童）那里进行学习。你会认为在社会化情境中，儿童可以成为学习者甚至是教师。如果你认为学习仅仅发生在教师在场的时候，也就是说，学习更多地依赖有能力的成人，那么你的儿童观与你对学习的社会性方面的认识就不吻合了。

想象一下自己正在参观一所幼儿园，那里的教师认为儿童是有能力的。你会看到什么？听到什么？你会听到儿童之间的对话，而不只是从教师到儿童的单向话语，因为这个机构中的教师认为儿童能够互相学习。教师会蹲下或坐下，和儿童的高度保持齐平，在儿童谈话时专心地看着他们的脸，对他们的想法表现出兴趣。教师重视与儿童对话，因为这让他们得以洞察儿童的思考和想法。你会注意到：他们不会打断正在说话的儿童，并能通过提问来确保自己理解儿童真正想要表达的意思。他们会认真地对待儿童的想法，具体表现为：他们会积极倾听儿童，并时常记录下儿童交谈的话语。正因为他们认为儿童是聪明的、有能力的、机智的和有经验的，所以他们对每个儿童说的话都十分感兴趣。你甚至可以说，这些教师对儿童的认识和观点“着迷”。这就是两种儿童观最大的区别：认为儿童有能力的成人对倾听儿童感兴趣，而认为儿童是“空白的”的成人只是想要对儿童说话。

如果教师认为儿童是有能力的，为什么他们的行为和言语并不总是一致呢？为什么教师在与儿童的日常互动中会忽略这种认识呢？通常教师会用那些潜意识中的习惯性方法来教育儿童，以至于他们意识不到自己那样做的原因。教师每天都需要在教学过程中做出许多决定，相当简单（而且通常有效）的办法就是快速做出决定或者继续遵循旧习惯，此时他们不会考虑到这些做法反映了自己的哪种儿童观。如果想要确定自己的言行是否反映了“儿童是有能力的”这一观点，那么反思你这么做的原因将对你有所帮助。也许你是出于以下的某种原因这么做的。

- 我一直都是这么做的。
- 我来到保教中心（或幼儿园）的时候，就是这么做的。
- 我在大学的时候学会要这么做。
- 如果我这么做的话，我会更轻松。
- 其他教师这么做，他们的教学经验比我丰富。
- 我自己做会比让孩子们做更快。
- 孩子们不能自己做。

本章中关于雪花工厂的故事表明，对于佩姬和戴夫而言，在他们迅速地决定当时该做些什么之前，停下来想一想有多么重要。他们已经成功地进行了一次把决定权交给儿童的实践，他们还会继续寻找机会去这么做。他们知道并理解儿童是有能力和机智的，最重要的是，他们并不认为这种情况是个例。他们认为孩子们做出了一个考虑周全的决定，并不是因为这群特别的孩子拥有做决定的天赋，而是因为如果得到信任与支持，“所有的”孩子都能展现出倾听他人想法的能力以及成为成功决策者的潜力。

建构你自己的理论认识与实践

你的儿童观是什么？写下 10 个描述你如何看待儿童和儿童学习的词语。你可以用这样的句子开头：“儿童是……的。”

你如何在自己的教育实践中体现这些观点？你所关心的孩子如何知道并理解你相信他们的想法？家长们如何知道并理解你认为“儿童是有能力的”这个观点？在一张纸上分两栏，一栏的标题是“词语”，另一栏的标题是“行为”。写下那些你用来体现“儿童作为学习者”的词语和行为。

通过这个练习，你发现了什么？你是否有办法在实践中深化或强化这些理解呢？

你的特殊儿童观

如果一个儿童有特殊教育需要或者有学习障碍，教师对儿童的看法会发生怎样的变化？为什么会发生这种变化？如果教师认为儿童是有能力的，那么我们该怎样对待能力有缺陷的儿童呢？我们是否认为能力有缺陷的儿童同样是有能力的、机智的、有经验的呢？我们是否相信他们也拥有对世界感到好奇和兴奋的能力呢？我们是否看到了他们也渴望与他人建立联系呢？如果不是，那么为什么会这样？当一个儿童有缺陷时，教师的儿童观就与原先不同了吗？应该不同吗？

许多西方教育体系对需要特殊学习方式（即“存在能力缺陷”）的儿童所持的观点源于一种缺陷模式，即人们通常用这些儿童的缺点而不是优点来定义、形容他们。在许多幼儿园里，他们被认为能力有限，在班级中会受到限制，而且没有自主学习能力。大家关注的是他们无法完成或无法理解的东西，觉得他们“需要”帮助。作为需要帮助的儿童，意味着他们要依靠他人代劳，因为他们自己无法完成。他们依靠教师去教他们，而且一旦脱离这个条件就无法学习。这根本不符合“儿童是有能力的”这个观点。这是一种消极的儿童观：它让儿童对自己学习的潜力产生怀疑，让家长对孩子失去信心，也让教师难以创造出确保儿童成功学习所必需的条件。上述情况在那些热衷于通过标准化、比较性的测验来衡量、评估儿童学习的教育体系中尤为常见。它们将儿童的特殊性视为其获得教育成功的阻碍。

来自不同文化或社会背景的儿童通常也处于不利地位。教师们会无意识地用“能力缺乏”的视角来看待他们，觉得他们能力不足。这些儿童也被以其面临的困难而非取得的成功来定义。更糟糕的是，这种有缺陷的看法会给儿童贴上“没有能力甚至不会学习”的错误标签，他们被寄予的学习期望也是偏低的。比如，一个讲西班牙语的人在学习英语时，可能会被视为学习能力较差，因为他缺乏英语词汇来交流自己的想法。通常还有一种观点被广泛接受：一个住在收容所的孩子由于他生活中所承受的社会偏见，一般不能达到班级中其他孩子的成就水平。有时，学习英语的听障儿童被认为不那么聪明，仅因为他常使用的第一语言没有被看作他表达交流的最佳方式。在这样的例子中，人们根据儿童的差异而不是能力来定义他们。如果我们改变对儿童的看法，将“有缺陷的”视作“有潜力的”，将“需要帮助的或没有能力的”视作“机智的、有能力的”，那么许多在学习过程中难以感受到成功的儿童也许能被更好地教育。这种认为“所有儿童都有能力”的观点提高了我们对儿童的期望水平，也让我们对他们和他们的家庭寄予希望，而不是一开始就因为对他们没抱太大期望而限制他们发挥能力或达成某种成就。瑞吉欧教育者认为这些儿童拥有特殊权利，而非有特殊需要——这种观点更具赋权性，并传达了对儿童学习能力以及他们作为人的固有价值的认可

（Smith，1998）。

我鼓励教师们深入、认真地思考自己对儿童的认识，并反思自己是否在无意识中对能力有缺陷的儿童持有消极的看法。之前我们探讨了教师对学习的认识如何影响他们与儿童互动时的言语和行为，教师对有能力缺陷的儿童的看法也影响了他们与儿童的互动。从“有缺陷的”或“没有能力”的角度来看待儿童，是深藏于教师头脑中的观念，以至于教师没有意识到这种观念会如何影响他们对待、回应儿童以及促进儿童学习的方式。在下列情况中，教师可能会无意识地表现出消极的儿童观，即认为儿童“能力不足”或“没那么有能力”。

- 教师假定儿童不能完成一项特定的任务，而不是给予机会让他表现自己的能力。
- 当教师做计划时，他只关注儿童不会做什么，而忽略了儿童能做什么。
- 教师无意识地传递给儿童这样一个观念：学习是一件难事，而且他并不擅长这件事情，因为大部分的学习情境都是针对他的“不足之处”而设定的。
- 教师不再向儿童提出能让其深入思考的问题，因为教师觉得儿童只能给出有限的回答。
- 教师在计划前没能探索儿童的先前经验和已有图式，因此只能制定无视儿童现状的干预方案。
- 教师认为儿童需要依靠他人，这限制了儿童探索、发现、独立学习以及在没有教师的帮助下独立完成任务的机会。
- 教师没有花时间去充分理解儿童想要交流的内容，因为他认为儿童的交流是有限的。
- 教师只重视由他主导的学习，记录并评估儿童所需支持的程度，而不是关注儿童逐渐发展的独立学习能力。
- 教师只是根据儿童的语言、读写和数学技能判定他的能力，没有探索其他能够展示儿童思考的方式。

¤ 教师和家长谈论的大多数是儿童存在的问题而不是他的成功和能力，这样家长从一开始就认为儿童是一个能力欠缺或不具备能力的学习者。

所有儿童都能通过与他人（成人和其他儿童）的对话进行学习，这些对话可以让教师看到和理解他们的图式与认知经验。当然，有些儿童的对话会给教师带来挑战，促使教师更用心地倾听，并寻找合适的方式去理解他们在说些什么。但是有一点是至关重要的，那就是教师要理解这么做的重要性，而且不会想当然地断定儿童几乎无法与教师分享或给予教师启发。第七章通过探讨如何倾听语言尚在发展中的儿童，进一步深化了上述观点。

教师的智力观

到目前为止，本章着重阐述了你明晰自己对学习本质的认识的必要性，而你明晰自己对智力本质的认识同样重要。你关于智力的看法会在你和儿童的对话以及你的言行中有所体现。成人常常说儿童是“聪明的”，但“聪明”意味着什么呢？不同的人对“聪明”有不同的理解。关于“智力”，简单来说，有两种对立的观点：一种观点认为，智力是先天固有的；另一种观点认为，智力是后天可塑的。

先天固有的智力

你认为智力是人与生俱来的吗？你觉得智力在人的一生中始终以相同的方式存在吗？如果你以这种方式看待智力，那么你就会认为它是固定的、不变的。按照这种观点，一个人的智力不受其生活经验的影响，一个人有多聪明是在他出生时就决定了的。持有这种观点，你会觉得一个孩子要么是“聪明的”，要么就是“不聪明的”。

如果你认为智力是固有的，那么这意味着你会根据一个孩子拥有多少知识来判断他的智力。你觉得朱尔斯聪明，是因为他能告诉你很多关于蜥蜴的知识。你觉得马蒂不够聪明，是因为他无法告诉你很多你已经教授过的关于蜥蜴的知识。

这种观点会导致人们用同样的方法来测量每个人的智力。例如，我们会用智力测验或者一套通用的评估工具来测量智力。如果你基于上述的视角来看待所有学习者的智力，那么你也会用同样的方法来测量他们的智力。通用的智力测验倾向于根据数理逻辑或语言表达能力来测量智力。在这种观点中，“聪明”被定义为一个儿童能很好地使用语言（这里指的是社会的主流语言，而不一定是儿童的第一语言），并与其他大多数儿童使用相似的方式思考问题。

后天可塑的智力

许多教育家认为智力是一个人认识世界的能力，它在学习过程中得到深化、发展，并由此发展出不同形式的智力。不妨问一下自己：一个人能“变得”更聪明吗？如果你的回答是肯定的，那么你就会认为智力是后天可塑的、可变的、动态发展的。在这种观点中，智力通过经验、互动和反思得到发展。

如果你认为智力是可塑的，那么这意味着你更可能会根据儿童的学习能力、问题解决能力和适应能力，而不是他记住多少信息或掌握多少知识来评估他的智力。你不喜欢把智力测验（使用成套的评估工具）当作衡量智力的主要甚至是唯一的方法。取而代之的是，你会观察儿童能做什么，他如何对新经验做出反应，以及他如何在新经验和先前经验之间建立联结。为了了解某一儿童的智力发展，你需要观察他如何学习、如何思考。

持有智力可塑的观念，意味着你会用不同的方式来看待不同儿童的智力。因为智力会随时间推移和个体内部成长而变化。儿童可以通过不同的方式展现自己的智力。例如：乔安妮通过对自然世界的好奇和提问表现出她的智力；阿里想出了让他的积木塔不倒塌的办法；斯迪克对学习中心里难过的或受伤的学步儿表现出极大的同情，这显示了他在社会性和情感方面的智力。霍华德·加德纳（Howard Gardner）的多元智能理论以及丹尼尔·戈尔曼（Daniel Goleman）有关社会和情绪智力的著作，都反映出智力可塑的观念。

儿童的智力观

儿童对智力也有自己的看法，这对我们这些经常和儿童共处的人来说并不奇怪。如果你问他们，大多数儿童会毫不犹豫地告诉你在他们的学习小组里谁最“聪明”。一个孩子对智力的看法是通过自身经历、人际关系以及教师所传达的智力观而逐渐形成的。这使得教师有必要仔细思考自己看待智力的方式以及这种观点传达给孩子们的信息。

如果儿童认为智力是固有的，那么他们会觉得聪明与否是一种天生的特质，即要么生来聪明，要么生来不聪明。因为他们觉得自己聪明与否已无法改变，所以他们在学习上会呈现出特定的倾向和行为模式。他们对聪明与否的看法通常以最后的结果为准，因为这对他们而言代表着智力。他们的成就感在很大程度上依赖成人的积极强化。除非教师夸他们做得好，否则他们不会对学习产生积极的感觉。这样的儿童常常逃避自己不熟悉的挑战，因为他们害怕失败；他们认为自己无法改变智力水平，所以他们有一种能力不足感，面对挑战时常常放弃。遇到熟悉的、安全的、没有挑战性的任务时，他们的内心独白可能是：“我足够聪明，能做这件事，这很容易。”但是遇到不熟悉的、有挑战性或问题的任务时，他们的内心独白可能会变成：“我不够聪明，这件事我做不了。这太难了，我不会做。我不打算尝试。”（Dweck，1999；Dweck & Elliott，1983）

从下面的对话中，我们可以了解到三个 5 岁的孩子是怎么看待智力的。

莉萨（成人）：“你会变得更聪明吗？你怎么做能变得更聪明呢？”

奥斯卡：“是的，认真学习会让我变聪明。”

塔妮娅：“做完所有的作业。”

乔纳：“每天一遍又一遍地读书，你就会变得更聪明。”

奥斯卡、塔妮娅和乔纳认为，如果他们努力，他们就能变得更聪明。当儿童觉得智力可能被开发时，他们就不会只关心结果，而会关心达到结果的过程。他们觉得学习是在过程中发生的。这样的儿童常常为自己设定目标，并且在实现这些目标的过程中表现出坚持不懈的精神。面对挑战或新的学习情境时，他们的内心独白可能是：“这是新的问题。我能做什么来解决这个问题呢？”“这有点困难，但是如果努力试一下，我就能想出办法。”

2 岁的玛丽亚是另一个展现出这些学习特征的孩子。我观察到玛丽亚花了超过 10 分钟的时间来系鞋带，她的专注力令我感到震惊，许多成人都不会将其与如此幼小的孩子联系起来。玛丽亚设定了自己的目标——系好鞋带。事实上，她不允许其他人帮助自己。玛丽亚展现了极大的决心和毅力，尝试了不同的缠绕和扭转鞋带的方法。她尝试通过把脚抬高、放低来系鞋带，当鞋带散开时，她又尝试了一种新的方法。即使没有成功，她也并没有表现出沮丧，只是请我帮她系上鞋带。也就是说，她明白自己已经尝试了所有她知道的方法，而现在自己只是需要一些帮助。重要的是，要注意到她没有感到失败。正如运动员通过设定目标来提高成绩一样，玛丽亚在其他时候会再尝试系鞋带。玛丽亚对智力的看法受到了她的经验和与她交往的成人的影响。她生活中的成人都向她传达了他们对智力的看法，并让她明白，聪明意味着面对挑战时坚持到底并尝试用不同的方法去达到目标。玛丽亚的智力是通过她的学习能力来衡量的，与此同时，她也发展出了一些有助于学习的倾向，随着时间推移，这些倾向将不断提升她的智力水平。

建构你自己的理论认识与实践

你如何理解自己所持有的智力观？想一下你认识的且认为聪明的、有智慧的一个人，写下那些让你觉得这个人聪明的事情。这个人做了什么让你觉得他有智慧呢？哪些见闻让你认为这个人是聪明的呢？浏览一遍你列出的事项，这让你对自己的智力观有了什么新发现？

小　结

一个有能力的儿童能够从自身经历和人际关系中建构属于自己的认知，这也符合智力是动态的、多维的、可塑的这一观点。如果教师认为最有意义的学习发生在个体建构自己的理解时，那么教师必须认可这种观点是适用于“所有”人的，不管他们年龄多大。教师常常在与儿童的日常互动中口头赞同这一点——他们声称自己重视儿童的先前经验、独特性及其个体化的学习方式，但他们之后的行为却与所言相背，他们限制儿童的学习选择，为儿童提供“一刀切”的课程。

然而，当教师将每个儿童当作有能力的人来对待时，他们会让儿童主导自己的学习经历，并自己做出一些决定。在这些课程中，儿童的声音比成人的声音更受重视。教师要先学会倾听，不要一整天都在主导儿童的行为或给儿童下指令。当儿童被当作有能力的人时，他们会主动学习。他们提出问题，表现出兴趣，并感到兴奋。通过言语和行动，成人让孩子们知道他们已具备知识和理解，孩子们也会相信自己的知识和理解很重要。

第二章

教育环境中的对话

我们和老师围在一起聊天（盈盈，6岁）

现在你已经花了一些时间来完善你的儿童观和你对儿童学习的理论认识，是时候考虑一下你要通过哪种类型的对话来促进儿童的学习了。在本章中，我们将探讨促进儿童学习的对话的特征，也会研究在教育环境中发生各类对话的时机。这将有助于你思考在教育环境中发生的对话，也将帮助你开始为此制订计划。

促进儿童学习的对话特征

重要的是，要弄清楚那些吸引儿童参与学习的对话的特征。并不是所有谈话都是对话——给儿童指导也许能教会儿童如何按照指示去做，但不能让他们投入地思考自己的想法。如果你提出只有一个正确答案的问题，那么儿童不会参与到可以拓展他们图式的互动对话中。反之，当儿童的对话具有以下特征时，他们就会积极进行思考。

- 学习者的声音被最多地听到。
- 教师谈话是为了探究儿童的想法。
- 儿童互相交谈。
- 儿童有时间去思考。
- 话题与儿童的兴趣、探索和疑问相关。
- 记录和解读对话，以揭示儿童的思维。
- 运用对话拓展儿童的思维。

学习者的声音被最多地听到

B. 卡兹登（B. Cazden，1988）研究发现，许多美国的教室被教师的话语主导，那里师幼互动的典型过程是：

- 教师指定一名儿童提出问题；
- 儿童给出回答；

¤ 教师对回答做出评价。

研究发现，这是所有年级中最具主导性的对话形式。教师不仅主导了对话中的大部分内容，还控制了谁在说话、在什么时候说话。此外，儿童之间的互动也很少。尽管这项研究早在 1988 年就进行了，但我最近在幼儿园的经历证明，这一切并没有发生很大的变化。

教师并不总是想让对话变成这样。目前在许多学习环境中出现了一种回归到教师主导谈话的趋势，这是因为教师承受着双重压力——“完成课程”和“确保孩子掌握知识，并通过考试”。不幸的是，年复一年，这种压力似乎越来越多地渗透到了幼儿的学习环境中，教师和保育员都感受到“教学”的压力，结果，他们开始采用小学环境中更常见的方式来主导对话。

教师谈话是为了探究儿童的想法

在对话文化的背景下，教师的话语旨在促进儿童的成长、培养其独立性和学习能力。在这样的环境中，教师谈话是为了拓展儿童对自己和世界的思考及理解，而不是测试儿童的知识水平或控制他们的思考和行为。这正是单向的独白与双向的对话之间的区别。

那种只是为了找到一个正确答案的对话被称为封闭性对话。在这种对话中，教师无法发现儿童关于话题的先前经验或图式。例如，当一个儿童正在玩动物玩具时，教师和儿童之间的封闭性对话也许是这样的。

教师：“这是什么动物？”

露丝：“马。”

教师：“对了！它是什么颜色的？”

露丝：“黑色的。”

教师：“是的，那你还能看见另外一种颜色吗？”

露丝：“还有白色。”

这样的对话没有试图去发现儿童的先前经验。相反，教师在对话中会使用开放性问题和评论来引出更多的信息。在同样的情境下，教师和儿童之间的开放性对话也许是这样的。

教师："这里发生了什么？"

比利："马在跑……"

教师："哦，还有呢？"

比利："这个男孩想骑马，但是马跑了。"

教师："那会怎么样呢？"

比利："他等着，他的爸爸会抓住马。看见了吗？"（向教师展示一个代表爸爸的玩具小人）

教师："那爸爸怎么抓住马呢？它跑得那么快。"

比利："可以用绳子把马套住，爸爸会……他把绳子套在马上，小男孩就能骑到马上了。"

在第一段对话中，教师的问题几乎没有揭示出露丝关于马的想法和知识。这些问题是封闭性的，只需要露丝给出十分具体的答案，她的回答非对即错。露丝的老师仅了解到露丝能够辨认马，并知道一些颜色。

然而，第二段对话更多地揭示了比利关于马的认识。教师的开放性问题是为了尽可能多地了解比利对于他正在玩的动物玩具的已有认知。教师知晓了比利有这些知识：马跑得快，人骑马，爸爸可以帮助解决对孩子来说太难的问题，绳子可以用来套住马。这段对话同样激发了教师的好奇心。他想要进一步探究比利的已有认知：比利说的绳子是套索还是缰绳？比利有没有骑过马呢？比利是否见过像他爸爸这样能够解决很多问题的人呢？关于骑马，比利还知道些什么？像"爸爸怎么抓住马呢？"之类的开放性问题，能够帮助比利拓展他的思考，这种对话使教师能够更充分地了解比利的已有认知。它符合比利的兴趣并能促使其学习；它也能让比利独立思考，这些答案基于比利自己的理解，而不是那些教师预设的答案；它同样让比利的老师更多地了解到比利对这个世界的独特理解。教师有了更多关于比利的信息，这样他在设计课程的时候会进一步考虑比利的情况。

通过封闭性问题，露丝的老师只是知道了露丝可以说出一些颜色的名称。这对教师而言也许是新的信息，丰富了她对露丝的了解。但是，这对理解露丝的学习者身份来说是非常有限的。它仅仅根据露丝所知道的以及她能回答给教师的内容来界定她作为学习者的能力。正如我们在第一章中提到的，这是把学习视作模仿教师行为的能力的例子。另一方面，比利和教师之间的对话有助于教师对比利的学习者身份有更广泛的理解。开放性问题有助于教师发现比利的想象力、问题解决能力、将已有经验运用到实践中的能力，以及持续学习的能力。

儿童互相交谈

为了让学习者投入学习，对话需要为儿童创造互相交谈以及和成人谈话的机会。正如卡兹登的研究所表明的，许多课堂的重点在于教师—儿童—教师的对话。这些互动并未给社会性学习提供机会，在社会性学习中，儿童应该听到同伴不同的想法和观点，并能将这些与自己的理解联系起来。

下面这段 4 岁孩子间的对话记录说明，当儿童拥有与同伴（而不只是教师）交谈的机会时，将会发生多么丰富的社会性学习。这位教师因意识到自己的干预也许会打断孩子们的探索，所以给了他们时间，让他们进行谈话而没有打断他们。孩子们刚刚在他们的教室里发现了一只小虫，他们带着这个新发现跑到了教师身边。

教师：“我们该怎么处理这只小虫呢？”

吉米：“我有一个真空吸虫器。我抓到过两只甲壳虫，但是我放它们走了。”

汉娜：“你是怎么把它们弄进去的？”

吉米：“那个真空吸虫器有一根吸入软管。”

汉娜：“也许它能伸到墙缝下面？”

吉米：“我哥哥在生日那天收到了这个真空吸虫器，这是最棒的一件事，真的非常非常酷。”

梅琳娜：“瓢虫会飞。在索尼娅的车里的时候，一只瓢虫落在了我们的车上。”

汉娜：“蝴蝶是虫子吗？”

劳伦：“是的！它是！我们在外面还看到了蚂蚁。”

吉米：“我们要变成蚂蚁探索家。”

在这段对话中，孩子们的想法互相碰撞。他们不需要教师的指导来引出他们的想法，因为他们自己可以做到这一点。吉米把教室里的虫子和他的家庭生活经验联系了起来，这引发了汉娜的好奇。因为教师没有打断，她得以自由提问，并不断追问，直到她的疑问得到解答。梅琳娜对吉米的真空吸虫器不那么感兴趣，但她联想到了自己关于虫子的先前经验。于是，教师给了她引发话题的机会。教师没有打断对话，也没有把对话引回吉米的真空吸虫器或最开始的提问。因为教师没这么做，所以汉娜产生了新问题，劳伦也加入了对话，因为他确定蝴蝶是昆虫。

孩子们没有针对教师一开始提出的那个问题“我们该怎么处理这只小虫呢？”给出答案，但这已经不重要了，因为他们正在通过联系自己的先前经验来努力解决问题。这位教师没有打断对话，也没有在对话中说过多的内容，给了孩子们时间和自由去与对他们来说重要的事物建立联系。孩子们参与到了共同学习中，参与到了丰富的社会性学习中。

当儿童被鼓励和支持互相交谈，而不只是和教师一问一答时，他们就会发现自己的观点是重要的。他们更愿意在将来的对话中分享自己的想法，因为他们知道别人会倾听自己，他们的想法对他们的朋友来说很重要。参与对话的儿童越多，他们就越有机会运用语言解决真实的问题。对话的内容越多，他们就越有机会使用学习到的新词语和新技能，那么这些技能也会随之发展。因此，这不是一个失败的循环，而是一个积极参与的循环，最终导向有效学习的循环。

儿童有时间去思考

玛丽·巴德·罗（Mary Budd Rowe）在20世纪70年代首次提出了“等待时间”的概念。她的研究表明，留出沉默的时间会大大提高学习者回应的质量和数量。随着思考时间的延长，学习者会有更长、更“正确”的回答，类似于“我不知道”的回答会减少，更多的儿童会参与到讨论中。像罗伯特·斯塔尔（Robert Stahl）一样，我更愿意把这个“等待时间”称为“思考时间”。这样能更准确地描述沉默时发生了什么，并明晰沉默的目的，那就是去思考话题，而不是坐着干等。一旦有了思考时间，你就传达出这样一个信息——思考是重要的，重要到值得为之留出专门的时间。思考时间也让儿童有足够的时间从别人那里获取信息，无论这些信息来自教师还是其他儿童。时间让我们能够加工信息、反思、联系自己原有的经验。对话需要有一个轻松的节奏，这样才能让儿童有时间去思考、反思、和他人分享自己的想法。

建构你自己的理论认识与实践

请多加注意儿童在对话中的沉默。你是否允许儿童在回答问题前有思考的时间呢？给你自己定一个目标：在问下一个问题或进行下一个点评前，至少等待三秒钟。你感觉怎么样？你是否看到孩子们的行为或学习因为有了思考时间而发生了变化？

话题与儿童的兴趣、探索和疑问相关

你喜欢谈论什么呢？我的猜想是，在谈论你觉得重要的话题或你有所了解的话题时，你会很享受并觉得很自信。试想一下，如果有人请你加入一场关于某国当前政治局势的谈话，你会有什么感觉？如果你对这个话题有所了解，或者曾经去过这个国家并对那里正在发生的事情感兴趣，那么你可能会感到自在并参与到讨论中。反之，如果你对这个国家或它的政治现状不太熟悉，那么你就不太可能参与讨论。你也许会觉得无聊、不耐烦或者一头雾水；这场对话可能会变得索然无味，或者在你没有参与的情况下继续进行。

儿童也是如此。当他们与他人就他们认为重要的话题（涉及他们的兴趣、生活和日常经历）进行对话时，他们会觉得更加自在和自信。这些话题是他们有所了解的，因此他们会在对话中交流自己的想法和经验。简单地说，就是他们有话可说。

还记得安东尼吗？他不断地提问是为了获得世界是如何运作的信息。这类问题对他来说是重要的。当他在幼儿园里的学习经历没有给他探索这类问题的机会时，他不再提问，变得对幼儿园的活动不感兴趣。他的兴趣在于弄清楚世界是如何运作的，但他的学习经历没有关涉到他的问题或兴趣。安东尼还遇到了其他问题，但这些问题是他的老师提出的，而不是他自己提出的。“毛毛虫是怎么变化的？”他的老师在一系列关于蝴蝶蜕变的课后提出这个问题。在安东尼上幼儿园之前，他早就知道毛毛虫变成蝴蝶的过程了，所以他对回答老师的问题没有兴趣。他不在乎，也不参与。事实上，安东尼对蝴蝶的变化过程心存好奇，他有自己的问题，他的兴趣在于找到“这些问题”的答案。他真的很想知道：“茧是用什么做的？”“当蝴蝶破茧而出的时候，它会疼吗？”“它们在茧里吃什么？”可惜的是，安东尼从来没有机会去探索这些对他而言重要的问题。如果教师能够支持他主动探索自己的问题并发掘他天生的好奇心，那么他对学习会更投入、更感兴趣。

记录和解读对话，以揭示儿童的思维

记录对话意味着以一种永久的方式捕捉和收集对话。录音、录像或者文字记录都是记录对话的方式。当对话被记录下来，它们就变得可见了。例如，记录下儿童的话语，会让教师或家长更清楚地了解儿童的想法。儿童会觉得自己说的话是重要的，因为他们的老师会花时间把它们写下来。家长会觉得孩子的想法是重要的，因为老师把它们记录下来，并在学习环境中精心地展示出来。

当儿童说的话被记录下来时，它们就不再是转瞬即逝的，而是变成了可以被反复回顾的内容。这让儿童的学习变得更可见，因为通过回顾这些对话，成人会有更多的发现。也许直到你第三遍读记录的时候，你才会发现孩子建立的经验联结。在真实的对话场景中，你也许会因为太专注于管理班集体而忽略一个孩子说了什么。重温对话记录为你提供了另一个倾听儿童的机会，它让你再一次仔细思考孩子的所说所想。解读儿童语言所蕴含的意义的最佳方法是和同事、家长共同合作。对话记录能够让那些不在对话现场的成人共同参与解读和挖掘对话意义的过程。

运用对话拓展儿童的思维

对话是让儿童参与建构自身经验与理解的机会。对话为认知冲突提供了时间和可能，这种认知冲突源自其他儿童的观点或者教师提出的问题。在对话之外发生的解读是另外一种途径，你可以借此来设计拓展儿童思维的学习情境。记录和解读对话的巨大价值在于这种合作过程可以让教师创设促进儿童进一步学习的情境。这是在设计课程时将儿童纳入考量的体现。对话记录为你揭示了一些儿童的先前经验和理解，然后你会问：“我能够提供什么样的学习情境来拓展儿童的这种理解呢？”已有对话能够引出新的对话来更深入地探究儿童不断出现的想法。这些新的对话让你对儿童的思考有了更深入的理解，或者能够引出其他体验，如实地参观、操作新材料、阅读与话题有关的书籍等。这些新体验为儿童的社会性学习提供新的情境。这些新情境中的新经验以及不同的对话，让儿童的思维得到拓展。这样，儿童参与式学习的循环就得以不断推进，其中的课程设计也能考虑到每个独一无二的学习者。

创造对话的时机

在学习环境中创设对话文化的教师，是有意识、有目的的，因为他们知道并了解谈话和倾听在学习过程中的重要性。他们明白儿童需要环境、时间和机会去和同伴、教师谈话。他们知道应通过有目的地设计教学去认真倾听儿童的想法（关于环境的考虑，包括一日活动安排的事宜，将在第三章进行更充分的探讨），以真正尊重儿童的先前经验和不断拓展的图式。教育环境中的对话主要分为两类——自发性对话和促进性对话。为了在这个螺旋式的学习过程中创造一种对话文化并引导儿童参与进来，你需要让他们做好参与这两种对话和倾听的准备。

自发性对话

自发性对话是指儿童每天参与各种各样的活动时自然发生的对话。提到儿童的语言，我们常常关注预设的对话，而忽略一天内非预设对话中的丰富内容。即使是自发性对话也需要教师提前规划和预先思考。自发性对话要求教师准备好材料、空间和时间，儿童需要在能与他人一起工作的社会化情境中获得经验并沉浸其中，而不是进行单独操作。

在积木游戏中（如三个孩子在搭建一个城堡），或在有画架的地方（在那里两个孩子互相展示怎样混合颜色来调出明亮的蓝色），关注到儿童丰富的对话，就抓住了认真倾听儿童的时机。进餐时间、点心时间、早晨儿童走进教室时的宝贵时间，也为自发性对话提供了契机。进餐时间是一段轻松愉快的时间，你可以随意地和儿童聊天，或者听听他们之间的谈话，这些谈话通常十分有趣且具有启发性。

在自发性对话中，话题总是由儿童决定，对话的脚本也由他们自己创编。教师常常（但并不是一直）在对话之外，只有受到了儿童的邀请才会参与其中。

为儿童创造机会去参与两人合作或小组活动，这给他们提供了相当好的机会去自然谈话并进行社会性学习。在和朋友自然地交谈，特别是参与主动学习时，儿童可能更轻松、更放得开。例如，一些孩子在全班性的对话中或被教师个别提问时会没有自信，然而在那些自然发生的、与他们的社会性学习经验相关的对话中，他们往往会感到更自信，更愿意主动开启谈话。

在参观早期教育环境时，我最大的乐趣是偷听两个看书的孩子讨论他们正在看的书。通过设计包括阅读和自由谈话时间的一日活动，你可以发现两个孩子的学习和思考过程，而这些过程可能是在记录中或在他们和成人说话时察觉不到的。下面就让我们偷听一下明和凯亚的对话。

明："这本书是关于……"

凯亚："一个女孩把她看到的所有东西都画下来……她在想象那些画面。"

明："她可能想成为一个画家？"

凯亚："我记得当我还是个小宝宝的时候，我就是一个这样的女孩，我还总缠着妈妈要蜡笔。"

明："我以前想当一个画家，这本书里的那个女孩也是一样的。画呀——画呀。艺术啊——艺术啊。"（指指书，再指指自己）

凯亚："我也是。我长大了也想当一个画家。"

明："你也想当一个画家？"

这段有趣的对话体现了为自发性对话提供机会的意义。明和凯亚的对话使她们以一种新的方式把她们看的书和自己联系起来了，她们的经验和想法影响了彼此。独自看这本书可能会让她们各自与书产生联结，但这段对话催生了更丰富的想法。彼此间的谈话让女孩们更好地形成了自己的想法，并让她们将想法大声地说出来了。她们使用自己的语言来组织思维。在凯亚分享了这本书与自己生活的联系之后，明也产生了同样的联想。

自发性对话让这些联系有了发生的可能性。这些女孩没有被引导去谈论一个特定的话题或观点，教师给了她们进行自发性对话所需要的时间和充足的空间，话题是由儿童决定的。允许儿童谈论对他们重要的东西，能使他们参与到学习中，因为他们对这个对话有兴趣和投入感。如果孩子们能够谈论自己正在做的事情，那么他们就会找到参与对话和学习的真正目的。因此，为他们的自发性对话创造时间和空间，他们会更投入学习。

促进性对话

促进性对话为儿童学习带来的益处与自发性对话有所不同。这种对话的目的是围绕小组感兴趣的特定话题进行交谈和倾听彼此的想法。虽然话题仍由参与的儿童决定，但与自然发生的对话不同，它与谈话的目的和情境（如绘画、建造、下午和朋友们道别）的联系更紧密。在促进性对话中，教师扮演着更主动的角色，常常带着一个明确的目的加入对话。教师不是在对话之外，不是偷听儿童之间自然发生的对话，而是变成一个参与者，引导着对话。他也许已经计划好要谈论的具体话题，已经准备好问题去引导对话，或者已经为小组带来了大家都感兴趣的谈论对象。他也可能会选择儿童自发谈话时谈论的一个话题，并将这个话题引入对话。

促进性对话为你提供了一个重要的机会，你可以借此机会倾听儿童并发现他们关于话题的先前经验、想法和困惑。从自发性对话中，你也会得到一些这样的发现，但是在促进性对话中，你可以有目的地探究儿童更深层的想法。促进性对话提供了帮助儿童联系已有经验并在新旧经验、想法之间建立联系的机会，而你在促进性对话中扮演的是更主动的角色。

这种对话同样会制造认知冲突，从而改变儿童的想法，或者对他们已有的图式提出挑战。在自发性对话中也会有认知冲突发生的时刻，但促进性对话会给你更多的力量去引发儿童不同的观点和看法。

这里有一个典型的故事，可以说明这一点。听了积木区里孩子们建造城市时的自发性对话后，教师了解了孩子们关于建筑的先前经验。她决定和孩子们进行一次促进性对话，给他们的想法带去一些认知冲突。她把参与搭积木的孩子集中在一起，帮助他们回忆自己建造的城市中的公寓楼、医院和百货商店。“我有一些问题想要问你们，”她说，“人们怎么从那个百货商店到他们的公寓楼呢？在你们建造的城市里，孩子们在哪里玩呢？”在这个促进性对话中，教师提出了能够制造认知冲突以及挑战儿童思维的问题。她的问题在促进性对话中是恰当且有目的性的，推动了孩子们社会性学习的进一步发展。因为这个对话，儿童继续他们的建造活动，他们搭建了带有红绿灯和小汽车的道路。其中一个孩子用纸和蜡笔拼搭了一个公园。

在早期教育环境中，有三种促进性对话是十分重要的。

¤ 全班对话；

¤ 小组对话；

¤ 一对一对话。

全班对话

在一日活动中，为全班对话做好规划是很重要的。把全班的孩子集中起来，营造出一种集体氛围，为预设的全班对话设定固定的时间，这会给儿童一种安全感。如果每一天他们都被邀请来谈谈自己的想法和经验，来听听同伴的发言，他们就会发现对话是学习中自然且重要的一部分。全班对话的好处有以下几点。

¤ 通过倾听他人的经验和看法，儿童的认知图式得到了拓展。

¤ 通过倾听他人的经验和看法，儿童被吸引到对话中。

¤ 儿童运用谈话来组织学习，并且承担起营造自身学习环境的责任。

¤ 教师通过倾听儿童的想法，发现将来创设学习情境的可能性。

¤ 教师有一个预设的、熟悉的环境来围绕儿童感兴趣的话题引导对话。

¤ 儿童和教师有一个固定的、计划好的对话框架，通过这个对话框架，他们可以将原本孤立的学习经验联系起来。

我们普遍认为最常见的全班对话的形式就是晨会（晨间谈话）。许多幼儿园利用晨会来开始一天的活动，把孩子们分成一个个小组，提前为一日活动做准备。这个时间为促进性对话提供了极好的机会。教师在晨会时仔细地倾听儿童互相交流的信息，并在其中发现深化学习的可能性。教师可以通过对那些儿童认为重要的事情做出快速的回应，让他们参与到有意义的学习中。可以这样说，晨会为促进性对话提供了完美的时机，如此一来，在接下来的一天中教师就会有充足的时间来回应儿童，或者与儿童进行深入的对话以探究他们的想法。

晨会也为教师提供了时间和空间，让教师激活儿童与将要谈论的话题有关的先前经验。因为学习始于先前经验，所以给予孩子们充分的对话时间来激活自身的先前经验，对学习者而言很有意义。与此同时，这也给部分儿童创造了更多地参与活动的可能性。例如，晨会期间，教师可以利用促进性对话来激活孩子们关于饼干烘焙的先前经验，继而也许可以为几个小组的孩子设计烘焙饼干的活动。互相谈论饼干烘焙会让小组成员的经验互通，这也让教师更深入地了解孩子们关于饼干烘焙的先前经验及其所掌握的相关词语。教师会了解到孩子们知道并正在使用的词语，这使他能够更好地选择在对话中嵌入哪些词语，以拓展孩子们的词汇量。

晨会也让儿童承担起营造学习环境的责任。晨会上的对话能够帮助儿童做出一系列的选择：选择想要探索什么，选择需要什么材料，选择要和谁一起工作。这样的促进性对话支持儿童对学习做出自己的决定，也让学习变得与他们紧密相关和更有实际意义。通常，儿童会运用语言来组织自己的思维和学习。

为下午班会留出时间也会有所帮助，有时我将下午班会称为反思班会。下午班会也许不需要像晨会那么长，5 ～ 10 分钟就足够了。通过学习小组的形式把儿童召集到一起，分享当天的经验和学习，儿童会学到回忆、反思、计划的技能（终身学习的重要工具）。对学习进行反思、评价和做出计划，虽然这通常适用于年龄大一点的儿童，但是只要幼儿经常有机会去回忆、反思真实且有意义的学习经历，他们在这方面的能力就会变得远比我们想象中的要强。

在反思班会中，儿童再一次得到机会去运用他们的语言来组织思维。除了谈论他们关于话题的先前知识和经验外，他们还能谈论自己真正进行的学习。在反思班会中，教师可以提出这样的问题：这一天你是怎么过的？你解决了什么问题？今天你学到了什么、想了些什么？明天你想要探索什么？反思班会让孩子们从别人的经验中学习，通过倾听不同的观点来拓展自己的思维，并开始为未来的探索做计划。教师可以深入了解孩子们的经验和兴趣，并获得关于儿童未来学习计划的有价值的信息，为设计将来的学习情境或者话题做铺垫。像晨会一样，反思班会将学习小组一天学习的开始和结束衔接在一起，从而增强了团队的凝聚力。

道恩、瓦妮萨两位老师运用这些班会来促进他们班里的孩子在探索时间（也称作选择时间或操作时间）的学习。开学几周后，道恩和瓦妮萨观察到，孩子们在学习中心到处“游荡”，或者漫无目的地从一个区角走到另一个区角。他们想让孩子们的游戏变得更深入、复杂和持久，并让其使用的语言变得更丰富。

道恩、瓦妮萨和我讨论了一些方法来保证操作材料与孩子们的兴趣、先前经验（无论在幼儿园还是在家里）相关。我们也决定在探索时间前后开一个简短的班会。

探索时间前的班会，目的在于联系儿童先前的经验，或者联系他们在晨会时和教师讨论过的想法。他们为自己在探索时间里要做的事情制订计划，确定他们需要的材料，并帮助教师准备材料和场地。

探索时间后的班会，目的在于分享、交流探索时间里发生的事情，教师帮助儿童将实际发生的事情与他们之前制订的计划联系起来。教师不要求儿童一定完全按照他们的计划行事，但要帮助儿童理清计划、行动和反思之间的联系。儿童分享他们做了什么，探索到了什么，玩了什么，以及他们对于自己操作的想法。如果正在进行一个长期的项目，儿童和教师可以讨论这个项目的进程，讨论它是否要继续，以及接下来需要什么材料或支持。

在这两次班会中，儿童常常会展示他们的作品，通过作品（绘画、拼贴、积木搭建、拼图）和对作品的解释来拓展彼此的想法。道恩和瓦妮萨没有给这些班会安排特定的流程或框架，而是根据儿童在班会和探索时间中表现出的想法来引导对话。

探索时间前后的班会仅仅开展了两周，道恩和瓦妮萨就发现了孩子们在游戏中有五个明显的变化。

- **儿童对他人的作品表现出更多的尊重。**孩子们的积木搭建作品每天总是会留在区角而不是收起来，但是教师发现，孩子们在教室里走动的时候总会把积木弄倒。班会之后，孩子们似乎对同伴搭建的积木更尊重了，除非不小心，否则他们几乎不会把积木弄倒。教师推测，这是因为孩子们在班会的时候听到了关于积木搭建作品的故事，所以他们能以新的视角去理解这些作品，明白搭建这些积木要付出许多努力，觉得自己和同伴的作品之间产生了情感联结。他们现在对积木搭建作品会更关注，共同承担起爱护作品的责任。

- **儿童更深入地参与区角活动，在区角中待的时间更长。**孩子们现在在一个区角中比以前待得更久了，不再像之前那样“走马观花”似的从一个区角到一个区角。教师也注意到孩子们可以更快地投入自己的游戏和学习中。他们认为这是在探索时间前的班会中，孩子们谈论、制订计划、在头脑中预演自己的游戏的结果。孩子们进入区角的时候带着更明确的目的，也就是说，他们知道要做什么。
- **儿童和他人的互动更多了，合作性游戏也增多了。**在积木区和角色扮演区，孩子们的合作性游戏明显地增加了，而之前他们更多的是进行平行游戏（各玩各的，没有明显的想法交流和互动）。在角色扮演区，孩子们会举办生日派对，表演他们熟悉的故事书里的内容。在他们的表演中，演员们有了更明确的角色分工，而且游戏主题更统一。在积木区，孩子们把各自搭建的建筑移到一起，根据一个共同的主题创造一个更大的建筑。同样，道恩和瓦妮萨认为，这得益于探索时间前的班会中的计划和分享。
- **儿童开始在他人游戏的基础上拓展自己的游戏。**在积木区，新的一组孩子会选择保留已有的建筑，并在这上面再进行搭建，而不是重新搭建一个新的建筑。在角色扮演区，新的一组演员在前一天听到前一组演员介绍他们的表演主题和故事后，会选择延续之前的主题和故事。因为孩子们在探索时间后的班会中分享了彼此的游戏进展和想法，所以他们建立了更深层的游戏与学习联结。在接下来的几周里，积木区变成了由全班搭建“蜘蛛侠”

主题的综合性建筑的地方，角色扮演区有了罗丝玛丽·韦尔斯（Rosemary Wells）的《兔子蛋糕》（*Bunny Cakes*）的几个版本的表演，《兔子蛋糕》是班级里最受孩子们欢迎的故事。

- **儿童开始向同伴而不只是向教师寻求帮助**。对幼儿园里的孩子来说，观察不同种类的花卉并把它们画下来是一项常规的学习活动。当利奥想要为他画的玫瑰调出合适的粉红色颜料时，他试着将水彩颜料混合起来。在探索时间后的班会上，利奥向大家介绍他是怎么调出这个颜色的，并得到了大家的赞扬。第二天，两个孩子请利奥帮助他们调色，这样他们就能够调出想要的颜色。从那天开始，利奥变成了班里的调色专家。

这五点是儿童投入学习的有力证明。你能想象出这个班里的儿童学习的场景吗？他们是运用材料、互相对话、向教师提问的主动学习者。有些孩子在欢笑，有些孩子正认真地专注于他们的任务。在探索时间前后进行促进性对话，为这些孩子带来了有意义的参与性学习。因为孩子们倾向于谈论对自己来说重要的事情，所以对话给道恩、瓦妮萨班里发生的所有学习赋予了更大的意义和价值。对话成了联系儿童学习经历、保持儿童之间关系的纽带。

建构你自己的理论认识与实践

你什么时候把所有的孩子聚在一起？他们是否会聚在一起玩游戏或唱歌呢？你是否每天把他们聚在一起讲故事和听故事呢？在晨会的时候，孩子们会分享他们感兴趣的信息吗？

- 在全班聚集的时间里，教师说话的时间有多长？孩子们说话的时间有多长？
- 在这些时间里，你谈论了些什么？

- 在这些时间里，孩子们谈论了些什么？
- 你参与对话的目的是什么？孩子们是否在组织自己的学习和思考呢？你是否在组织一日活动呢？你是否给出指令？孩子们会和他人分享自己的经验吗？你是否也与他们分享信息？

意识到你在做什么和你与儿童对话的目的是什么，是深入理解对话在学习中的作用的第一步。

小组对话

不是所有的促进性对话都需要全班孩子参与。在某些方面，小组对话的优点与全班对话的优点是一样的。另外，与组织全班对话相比，教师组织小组对话可能更容易、更有效率。在小组中进行促进性对话的优点包括：

¤ 让更多的儿童可以充分地参与；

¤ 更容易促成对话；

¤ 更容易探究儿童深层的想法；

¤ 能够促进儿童在对话和经验之间建立更紧密的联系，以进一步深入探究某些想法；

¤ 为那些在全班对话中缺乏自信的儿童营造一个安全的环境。

小组对话能让更多的儿童更好地参与。小组中的儿童有更多的自主操作时间，在这种情境中，教师更容易挖掘儿童的想法，并密切地关注他们真实的想法。

此外，对教师来说，促成小组对话比促成全班对话更容易。在小组对话中，教师更能够提高自身的促进性对话和提问的技能。比起跟上 20 个孩子的想法，跟上四五个孩子的想法更容易；比起给 20 个孩子提供充裕的时间，给四五个孩子提供充裕的时间也更容易。许多教师在组织小组对话时更自信，能够倾听小组内所有儿童的想法。

小组对话也能让你更有效地发现个别儿童的兴趣，因为你有更多的时间与少数的儿童在一起。例如，你也许会在晨会中注意到三四个孩子在穿新靴子的时候，一直谈论前些天跳水坑的事情。如果你猜想其他儿童对这个话题不感兴趣，你就不会通过全班对话的方式让所有儿童探究这些想法，而是会另找时间和场合，与这几个孩子在一起，继续探究他们的想法。

与此同时，设想有一些儿童对全班对话的话题没有兴趣，这时组织小组对话是很有用的，特别是对于那些在班会中很少表达自己想法的儿童。即使教师努力创设对话文化和安全氛围，也总会有一些儿童没有完全参与班会。这些看起来对班会话题不感兴趣的儿童也许是缺乏在全班同学面前分享观点的自信。在小组范围，甚至更小的群体内，当只有一两个孩子与教师一起时，这些孩子更容易自信地与他人分享自己的想法。

通常这种小组的设置也是一个将对话与其他学习领域联系起来的有效方式，如建议儿童通过绘画或建构来表达他们的想法。对儿童来说，从对话过渡到绘画等相关的体验活动，常常更适合他们。在全班对话或被要求完成特定的任务时，他们的思维火花可能会消失。例如，和几个孩子谈论了他们穿的新鞋子，倾听了他们在鞋店量脚的尺寸以及试穿不同款式鞋子的故事之后，你可以邀请他们把在鞋店里的情景或者量脚的尺寸的经历画下来。你也可以建议他们把角色扮演区改造成一家鞋店，并帮助他们思索鞋店里需要什么东西，以及可以用哪些材料来做出这些东西。

一对一对话

安排时间与个别儿童进行一对一的对话也是重要的。全班对话和小组对话中有很多通过对话来学习的机会，这些机会同样存在于一对一对话中。就像小组对话一样，一对一的对话让你有机会更深入地了解某一个儿童。你也许会出于以下原因而选择进行一对一的对话。

- 你想和一个新来的孩子或一个你还不熟识的孩子发展更亲密的关系。
- 一个孩子在全班对话或小组对话中分享了他的经验或想法，你想要进一步挖掘更多的信息。
- 某个孩子的家长向你倾诉他们的关心、担忧或其他问题，然后你想和这个孩子深入探讨一下。如果涉及敏感话题，要注意保护隐私——在这种情况下需要进行一对一对话。
- 你想为一个遇到困难的孩子提供支持。多花些时间和他在一起，告诉他，他对你们有多么重要。
- 你对一个孩子学习或思考的过程感兴趣，想在他进行学习活动的时候（如在他画画或玩水的时候）与他交谈。
- 一个孩子被其他孩子孤立，你想让他知道他对你和整个班集体都是重要的。一对一对话也能让你向那些可能在“偷听”的孩子展示你对这个孩子积极的态度以及你们之间的良好互动。

当然，我们要尊重儿童的沉默时刻。例如，某个孩子在画一座新搭建好的积木宫殿时，其创作可能过于投入，以至于不想被谈话打断。

关于阅读、写作和数学的谈话，在小学中以一对一的对话形式进行。这些一对一的对话常常是教师计划好的、与某个儿童就其读写能力或数学思考进行的专门谈话。通过每次对话，教师都能获得关于这个儿童的一些信息，这些信息也许是教师在小组对话或全班对话中无法得到的。此外，你可以运用这个机会更深入地探究某个儿童的想法，你也可以把这次对话和他正在读的一本书、正在写的一个故事或正在解决的一个难题联系起来。这种对话也为教学提供了机会，但是这样的对话通常会变成教师主导和引导的。这就意味着，教师说得越多，学习者说得越少。重要的是，要进行一些对话，让儿童成为对话的主角，充分地表达自己和参与讨论。

在召开班会时，我总是能从倾听儿童、询问他当前的工作开始，比如他正在写的书或他正在设计的对称图案。只有一开始就倾听儿童，我才能决定在这段时间里自己要教他些什么，或者我可能会得到一些信息，从而让自己决定在其他时间再教某些内容，而不是在那一刻占用儿童的发言时间。当你观察他们主动学习的过程时，比如，看他们画画，听他们朗读，观察他们搭建积木时的问题解决策略，你将会更加了解他们。但是当他们阅读、书写、解决问题的时候，你怎么知道他们在想什么呢？他们在运用什么思维策略来帮助自己完成学习任务呢？他们有具体的计划吗？通过对话、提问和仔细倾听，你能够洞悉他们的内心世界。

建构你自己的理论认识与实践

选定一个星期的时间，把重点聚焦在解读孩子们的对话上。给你自己一些时间，根据孩子们与你或他人的对话，了解他们已经知道了什么、做了什么。这有助于你对孩子们当前的经验有一个整体的认知，帮助你决定何时在课程中拓展、深化对话。每天选择一个不同的角度来聚焦分析也许会有所帮助，请选择以下一组对话进行倾听和分析。

- 孩子们在进行游戏、建构或创作活动时彼此间的对话。
- 孩子们在进行游戏、建构、创作或在集体活动时和成人的对话。
- 孩子们在计划、组织他们的工作期间发生的对话。
- 孩子们在分享他们的经历时发生的对话。

- 孩子们在分享他们对于世界的看法时发生的对话。

准备好便携的笔记本和笔，将你看到的和听到的粗略地快速记下来。这些对话发生在哪里？发生在一天中的什么时候？谁参与了？他们大概在谈论些什么？

在一天的工作结束时，用 10 分钟的时间浏览你的记录，并且把这些对话作为一个整体而不是一系列孤立的经验，看看会发生什么。儿童如何运用对话？你注意到有哪些对话方式？以日记的形式，用几句话记下你对“儿童使用不同的对话方式来学习”这件事的总体感觉。

在一周的工作结束时，你就会在早期教育环境中建构出对话框架。从整体上通读你一周以来的笔记，并进行记录和反思。

- 有没有出现某些对话模式？
- 儿童使用了哪些不同的对话类型？
- 儿童如何运用对话来帮助自己学习？
- 经过一周的聚焦分析，有什么让你感到惊讶的事情？

试着做出改变

在你的班级中创造一种对话文化，需要信念和行动。采取行动（并持之以恒）常常被证明是最具挑战性的任务。在做出改变的时候，采用小步递进的方式，这样你会有一种控制感和成就感。突然做出改变，也许会让你感到不知所措，甚至有可能会打消你做出一些改变的念头。愿意做教学改变的教师，有时会说“我试过了但没有用”，或者“那对我的孩子不管用”。但事实是，它“将会”起作用。之所以现在没有效果，可能是因为新的结构、常规或行为没有充分的时间来变成一种习惯，没有和班级文化融为一个整体；也可能是因为教师尝试得太快、太多，反而被这些变化弄得不知所措。建立对话文化需要时间和不断的实践，但是只要你对指导自身实践的教学观念充满信心并有清楚的认识，你就会沿着创设班级对话文化的道路一直走下去。

和你的同事讨论彼此的儿童学习观，列出你们的一些看法，这些看法关乎对话如何支持儿童学习，以及如何能够和儿童一起创设这种对话。向家长展示这些观点，这样你的想法和价值观就能为大家所知并能与大家分享。想想在一日活动中，你如何创造一些促进自发性对话和促进性对话的时刻，并努力使这些对话成为班级学习生活的一部分。思考一下儿童的先前知识和经验，并且制订计划以更深入地了解它们。这将有助于你在创设浓厚的对话文化、促进儿童学习的道路上走得更稳、更远。

第三章

创设适宜的对话环境

我们班的全家福（梓阳，5.5 岁）

在鼓励开放分享和主动倾听的环境中，对话可以得到最好的培育和发展。聪明的教师明白物理环境、一日活动安排和互动氛围如何给儿童提供机会来互相交谈和倾听，这也使得儿童在分享想法时感到安全和自在。本章将先探讨学习环境中物理环境所扮演的角色，然后讨论如何通过一日活动来构建对话，最后探究如何营造一种培养和支持学习对话的互动氛围。

物理环境

你是否曾在进入大型百货商店或大型折扣商店时感到自己被“淹没”了？你能想起来这些商店的样子和你踏入这些商店时的感受吗？

想象一下，你周围都是一叠又一叠堆在一起的衣服，一柜子又一柜子混乱地堆积在一起的鞋子、皮包和其他物品。当你出门的时候，你可能有一个此行购物的明确目的——也许有一张你需要购买的物品的清单。但是当你发现这些东西杂乱地堆在一起时，你感到困惑和焦虑，一时忘记自己此行的目的。你不知道要去哪里或要先干什么。到处都是人，大家互相推搡着走向自己想要的那件明码标价的商品。过大的音乐声像是在和人潮声比赛，想要盖过更嘈杂的人潮声。这真是一个噩梦！你试图在桌上的一大堆东西中找到想要的那件商品，但是它们实在太混乱了，以至于你需要花一小时对这一堆东西进行分类整理，才有可能成功地找到你要的。因为找不到你需要的东西，你所有的感觉都是焦虑、紧张、烦恼。拥挤的人群以及人们粗鲁的行为令你感到烦躁。你开始问自己，为什么自己一开始要来这家商店，你现在只想离开。你的购物之旅的目的地会转移到其他地方，这样你才能找回一天的平静感和秩序感。

那么，一家混乱的商店和创设对话环境之间有什么关系呢？每一种环境都向身处其中的人传递着强有力的信息。想象一下你走进幼儿园的一间教室，你首先看到的是教室前方的讲台，讲台后面是黑板，它对着成排的桌椅。不用继续看下去，这种环境已经传递了一种信息。你可以想象到，在这种环境中会有怎样的互动。在教室里，谁掌控着话语权？孩子们有互相学习和共同学习的机会吗？

商店的混乱会给人这样的信息：打折商品是不重要的或没有价值的，因为没有人关心如何存放它们。这种杂乱也说明，购物者是不重要的或不受重视的，因为没有人考虑到要让他们的购物体验变得轻松、愉快。同样，你在为学习环境做准备时所做的选择，会传递给儿童和家长一些信息，告诉他们对你来说什么是重要的。让整个小组的孩子共处的特定空间会让每个人知道，你重视他们在一起的机会；而对于儿童来说，共处空间是很重要的。例如，你为积木搭建或者绘画活动创设的空间，以及你在这些空间中摆放材料的方式，将传达出这些类型的学习在你的学习计划中的重要程度。

试想一下购物者在混乱的商店中体验到的感受：焦虑、烦恼甚至是愤怒。商店的混乱造成了这些感觉。如果店家能更仔细、更周到地摆放商品，那么购物体验可能会变好，购物者会更平静、更愉快地购物。当然，我们不希望儿童在学习环境中感到焦虑、烦恼和愤怒。当学习材料（如积木、颜料、纸和刷子）被合理地保存和摆放时，人们会有这样一种感觉：这些是重要的学习工具。这也体现出儿童是重要的，因为他们能够有效地使用这些学习材料。与在乱糟糟的环境中进行探索相比，儿童在这样的环境中会有更积极的学习体验。不像那些在一堆商品中翻找一小时的顾客，儿童能够快速、有效地找到他们需要的东西。这为有效学习和对话提供了更多的时间。

通过认真仔细地思考你的学习环境，你会给儿童和他们的家人传递这样一种信息——你足够关心儿童，努力创设和组织他们需要的环境，以最有效地支持他们学习。让我们一起看看创设环境时需要考虑的几个方面，这有助于引发学习性对话。

- 硬件设施；
- 颜色和材质；
- 空间布局；
- 材料选择；
- 材料摆放；
- 认同感。

硬件设施

早期学习环境中的硬件设施需要适合儿童。这些硬件设施的尺寸和高度需要让儿童感到舒服。使用成人尺寸的桌椅，儿童无法完全集中精力并参与对话，因为他们会感到不舒服，也很难看到其他人。与大的长桌或长凳相比，我们更鼓励配备 4 ～ 6 名儿童用的桌子。如果儿童使用长桌或长凳时彼此离得太远，那么他们将无法交流。教师可以鼓励儿童在室外进行对话：在安静、有树荫的地方，为他们提供野餐桌椅或小的长凳，邀请 2 ～ 3 名儿童坐下交谈。教师还可以在室外临时重组那些能轻易被搬动的室内小型家具，搭建一个特殊的对话空间。

同样重要的是，要考虑一下如何为家长和儿童一起参与对话提供必要的硬件设施。走廊里或靠近入口处的一条长凳或一张沙发，为成人提供了和孩子一起舒服地坐下的地方。在那里成人可以和孩子亲密地依偎着，或者把孩子放在他们的膝盖上，一起聊聊一天中发生的事情。

丽贝卡·马歇尔（Rebecca Marshall）是 PS 347 学校的校长，她非常重视进餐时间中的社会性学习和语言学习，因此她改变了学校自助餐厅的环境。这间没有窗户的房间位于学校的地下室，儿童坐在与长桌配套的长凳上（长桌和长凳的位置固定）。这些长凳为儿童进出座位制造了困难，也为他们与其他儿童交谈制造了困难。对于坐轮椅的儿童来说，他们不可能充分参与进餐时间的对话，也不可能舒服地和朋友坐在一起，感受到自己是集体的一部分。马歇尔团队的工作人员和孩子们一起挑选了新家具——供 4 ～ 6 名儿童使用的小圆桌和椅子。每张桌子中间放着一个插有一枝花的小花瓶。新的餐厅环境让儿童的行为发生了惊人的变化。现在，儿童会更多地与同桌的其他人交谈，更注意爱护家具和整个进餐环境，自助餐厅的基调从混乱变成了自在和轻松。

在许多早期学习环境中，教师们准备了自助点心，儿童可以决定在活动过程中何时去吃点心。这为儿童提供了更长的、不受打扰的游戏时间，虽然这并不总是会促进对话，但它仍有可取之处，如果孩子们之后留下来吃顿饭，比如吃午饭或晚饭，那么他们就可以在那时互相交谈。如果点心时间是所有儿童唯一的共同进餐时间，那么你也许要考虑一下怎样让这个时间更能引发对话。你并不一定需要把自助点心改为家庭式聚餐，但你可以把食物和饮料放在小桌上，在桌边摆好椅子，这样一小部分儿童能够坐在一起，并在吃点心的时候交谈。如果儿童享用自己带的点心，你可以引导他们坐在专门的点心桌旁或点心毯上，这样他们就能够和朋友交谈。简单地在地板上或树下放一条毯子，就为点心时间创造了一个鼓励儿童互相交谈的特别场所，就像他们在一起野餐一样。

许多幼儿教师在他们的教室里使用一组组可移动的架子作为隔板，在积木区、角色扮演区和会议区之间做出划分。这些划分创造了具有明确目的的空间。使用架子来划分区角也避免了儿童在不同的区角间来回“跑”，并鼓励儿童在一个区角内工作和交谈。但请注意，要使用高度较低的架子或者隔板，这样教师能够确保视线清晰，看到儿童在不同区角内的操作和游戏。

颜色和材质

颜色和材质在你的环境中起着重要的作用。某些颜色能营造出平静的感觉，而其他的颜色能营造出激发活力或兴奋的感觉。你能想象自己在亮橘色或亮红色的房间里看牙医吗？这会让你在听到钻头声之前就想尖叫。运用较为柔和的颜色，而不是明亮的原色，可以为幼儿园里的学习营造更安静的感觉，而儿童和他们的艺术作品会为教室增加色彩和活力。你可以根据空间的功能来选择色彩。如果这是一个儿童互相提问、倾听的地方，如会议区等，就需要让色调柔和而不是明亮。当周围的视觉干扰较少时，儿童更容易把注意力放在交谈对象上。一种平静和安全的氛围最有助于对话，柔和的颜色和纹理可以帮助实现这一点。

如果你不能改变墙面和地毯的颜色，可以考虑替换你可以改变的东西。例如，你能否通过把公告板变成柔和的色调而不是亮色来减少视觉干扰？价格便宜的褐色纸、黑纸或白纸、软木、墙纸也很有用。在墙上展示儿童的绘画作品时，你能否在每幅画的边缘用彩色边框使这些画在视觉上连接在一起，同时遮盖墙面的亮色呢？有时候使用黑白打印的儿童照片，而不是总使用彩色照片，可能会更加吸引孩子们的注意力，因为黑白照片和彩色的环境产生了对比。

教师常常让儿童坐在地板或地面上而不考虑他们的感受。毯子的质地可能很粗糙，地板又冷又硬，但孩子们还是被要求这么做。教师需要在让儿童这么做之前，先问问自己坐在那里是否舒服。当儿童聚在一起交谈时，他们需要感到舒适，这样才能把注意力放在倾听和说话上。坐在室外的硬地面上，坐在肮脏的地毯或质地很粗糙的毯子上时，儿童很难充分参与对话。用挑剔的眼光来审视一下你让孩子们聚集起来交谈的区域。你想要在那种材质的毯子上坐一段时间吗？你总是和孩子一起坐在那上面吗？你是否可以在其他地方组织儿童进行集体活动？如果孩子们不愿意坐在外面的人行道上吃午饭，那么你能否在树下放一张野餐垫让他们感到更舒适？如果孩子们不愿意坐在硬地板上，那么你能否在区角里加一块毯子或者把儿童的小椅子搬进来？如果你无法改变地板或固定设施的材质，请考虑使用小的方形地毯或垫子。一些地毯店会捐赠他们的边角料，如果家长知道这能让孩子们在互相学习的时候有一个舒适的地方可坐，那么他们通常会乐意定期清洗垫子。

空间布局

家具的摆放在学习环境中创造了一个个学习空间。每一个空间都承载着它特定的功能和目的。有时候这些具体的空间被叫作学习中心或学习区。想象一下在忙碌的区角会发生什么：有多少孩子会在那里工作？他们将开展什么样的活动？他们将使用什么材料？在一天中的不同时间会有什么变化？孩子们将在哪里聚集在一起进行小组对话？他们会在哪里以小组或两人结对的方式开展活动，是在积木区、绘画区、角色扮演区还是玩偶区？他们会在哪里使用积木、拼图、颜料和戏水桌等？

一旦你对教室里的每个区角都确立了一个目标（或多个目标），你就更容易知道一个区角需要多少空间，儿童能够轻松进出空间的通道如何设置，以及每个区角可能会产生的噪声等级。例如，你会觉得教室里靠后的大区域很适合儿童在里面以小组的形式搭建大型积木。既然你知道了这个区角的目标，你就能够决定放置积木的架子需要多少空间，儿童进出该区域所需要的空间，以及三四个儿童在里面搭积木所需要的空间。你知道搭积木常常是一项吵闹的活动，所以你决定不在积木区旁放置绘画桌，因为你想把它们放在一个更安静的区域（便于两三个儿童在里面交谈的私密空间）。

我们的教室（萱萱，5岁）

重要的是，当考虑对话空间时，要思考在哪些空间全班可以对话，在哪些空间小组可以在一起交谈，在哪些空间可以进行一对一的对话。

下文将对适合每种对话的空间进行详细探讨。

全班对话的空间

全班对话的空间应能够让所有儿童与教师围坐成一圈。确保有足够的空间让大家围成圈是很重要的，因为这能形成一个更自然的对话环境，儿童在其中能够互相交谈，而不只是和教师谈话。在围成的圈中，儿童可以互相进行眼神交流，这能鼓励更多的儿童参与互动。儿童成排坐在教师面前时，很难和坐在自己后面的同伴进行眼神交流。当围坐成一个圈时，他们的社会性技能将得到锻炼和提升，如面对说话者、使用非语言线索、轮流发言。考虑一下你的班级里适合全班对话的最佳区域，这很重要。通常这个区域在远离门口或嘈杂房间的地方，这样儿童就有一个安静、不受打扰的环境来进行交谈。

一些早期教育环境中的教师十分幸运，能够拥有足够大的室外空间进行全班对话。圆形剧场型的空间，里面有围成圈的长凳或台阶，头顶有遮阳棚，这能为规模大一点的集体对话创造一个户外的空间。当然，你也可以在户外的草地上铺野餐垫，创设临时的全班对话空间。

小组对话的空间

创设供小组交谈的空间，对自发性对话和促进性对话都必不可少。尤其对于教师和小组一起深入研究某个特定的话题来说，这些空间十分必要，因此在你的学习环境中创设这些空间时，记住要给成人和儿童留出足够的空间。适合 4 ～ 6 名儿童围坐在一起的空间有利于促进更具动态、更自然的交流。你可以在全班对话的空间里让儿童分小组地坐在一起，特别是当你希望参与对话并促进讨论的时候。另外，你可以让一个小组的儿童围坐在一张小桌边，而你也是其中一员，同样坐在桌边的椅子上。这是一个记录儿童语言的好地方，因为你有便于书写的桌子。灵活安排的效果是最好的。实际上，大多数的早期学习环境中没有足够的地方来创建独立的小组对话空间，但是你可以运用其他学习空间来促进对话。

记住在创设小组对话空间时，要考虑到教室其他区域的布局，你可以在一个没有吵闹活动的地方把小的对话小组集中起来。例如，当其他儿童在角色扮演区和积木区游戏的时候，你可以在教室的另一边，也许是在一个远离其他儿童、不会被其他儿童的游戏干扰的地方进行促进性对话。

同样，要仔细地看看你的室外空间，有没有一些地方允许你让一组孩子围坐在野餐桌边或毯子上？你可以在树下放一张小桌子和一些椅子，远离像沙坑这样吵闹的区角。

最有启发性的对话常常是那些自发性对话，这在第一章中已经提到过。请在你的教育环境中创设空间，在那里儿童可以一起活动并经常交谈。简单地把桌子分组摆放，比把它们排成排更能够促进儿童的合作活动和对话。在你的教室里为儿童寻找可以交谈和工作的空间，并为你自己寻找一个可以观察的空间，而不是扮演积极的主导角色。例如，可能会有一个空间供两个孩子在两个画架前并排作画，还有一个稍远的空间供你观察他们——也许是在儿童后面，也许是在他们的旁边——你能够听到他们之间无须你引导或干预的对话。

一对一对话的空间

和小组活动的场景相似，为一对一对话创设空间可以创造更多的交谈机会。这些空间更为私密，也更为特别。当对话的话题属于个人私密的事务时，这些空间就显得十分必要。敏感的教育者会尊重儿童，无论儿童多大，他们都和成人一样拥有隐私权。

最近，我邀请了我的年轻朋友尼古拉斯和查理到我家玩。我把我的咖啡桌当作小的绘画桌，男孩们可以挨着坐，也可以面对面坐着。我在桌上放了一个装着黑色记号笔的小容器，一个装着蜡笔的小容器，还有两张绘画纸。男孩们紧挨着坐在软垫上。我在附近坐着，悄悄地看着、听着。男孩们似乎明白，我创设这个地方只是为了他们有自己的专属空间。我饶有兴趣地听他们讨论自己对画画的看法，观察到他们帮助对方画不同的东西，以及他们通过提问表现出对对方的兴趣。这个物理空间和画画时的分享行为，让他们通过对话联系在一起。

因此，你需要思考在哪里可以围绕着一种体验或材料为孩子们创设私密空间。也许你有一个大的豆袋椅或靠垫，你可以把它放在一个角落或安静的阅读区，为两个儿童提供一个舒适的聊天场所。一张小小的咖啡桌能够在区角中创造私密性，两个孩子能在那里紧挨着席地而坐，而不是坐在椅子上。你能否在室外的僻静处添加一条小的公园长凳来鼓励一对一对话呢？

建构你自己的理论认识与实践

根据你对学习区（包括室外区域）的规划，画出一张平面图。使用以下编号，在平面图的每个区域标出可能会发生的对话的类型。

1. 全班对话。
2. 小组对话。
3. 一对一对话。
4. 儿童和他人一起工作时的对话。

材料选择

投放到一个空间中的材料可以使空间发生变化，并赋予空间一种区域定位。你在区角摆放的材料能够促进儿童学习中的对话，并影响在区角中发生的对话的类型。例如，开学初你在角色扮演区中摆放的材料，可以是从家里带来的一些道具（如厨具、菜谱、围裙和洋娃娃）。这个区角中的表演和对话可能会与做饭、买东西、照顾宝宝有关。过了一段时间，材料可能需要有所改变，我们可以在这个游戏区投放收银机、菜单、托盘和记事本等材料。这个区角中的对话会随材料的变化而变化。它们现在更可能与在餐厅里点菜、吃饭有关。这些材料促进了儿童对话，因为儿童在表演中扮演的角色与材料相关联，而且他们能进行真正的互动。

为了给一对一对话创造私密的空间，戴夫老师和佩姬老师在教室的一角放了一张小圆桌，然后他们用一个圆环把蚊帐从天花板上垂挂下来。对儿童来说，这轻柔的织物从天花板上垂下来，包围着专属他们的私密圆桌，为他们创造了一个和朋友待在一起的、神奇又秘密的地方。教师不会进入这个空间，而是让这个空间成为儿童进行一对一对话的地方。蚊帐改变了这个空间，使它变得特殊而重要。

同样，你为进餐时间选择的室内或室外的材料也会为对话创造一种氛围。有花的桌子、一株小植物、一张桌布等精心的布置，都会告诉大家进餐时间是一天中的重要部分。这也让儿童知道他们是重要的，因为他们值得教师花精力把他们的进餐空间变得特别。轻柔的背景音乐，而不是响得要盖过说话声的音乐，能够营造一种放松、平静的心情。这些材料促进了对话，因为儿童会觉得进餐时间是重要的，他们会被吸引坐在桌边和他们的朋友交谈。

材料摆放

材料的摆放和作品的呈现方式可以丰富或干扰对话和学习的空间。装满各种容器、拼图、游戏材料和纸张的乱糟糟的架子，不仅造成了视觉干扰，也让儿童难以有效地使用材料。仔细地看看你的架子，它们是不是像本章开头所说的百货商店里的架子那样混乱？它们让你想转身离开，还是会邀请你停留片刻去挑选一块拼图或一支你要的蜡笔？有时候早期学习环境中的架子上的材料太多太杂，以至于教师不知道哪些材料属于哪里。儿童似乎也不知道。他们也没有发现爱护材料、小心地把材料放回原处的重要性。这使得一个容器里摆放了太多东西，儿童无法有效地使用它们，也难以将它们视为有价值的教育材料。

埃伦·马诺布拉（Ellen Manobla）、玛丽拉·巴图拉伊（Marilla Baturay）、内德·布兰德（Ned Brand）和我研究了混乱的材料对儿童互动的影响。我们发现，当材料以清晰、有序的方式摆放时，儿童能更好地爱护材料，花更多的时间操作材料，做出更慎重的选择（因此花更长的时间参与他们的学习任务）。研究也发现，如果儿童花更多的时间在学习任务上，他们就会花更多的时间在关于学习的对话上。当他们苦于不能找到自己想用的记号笔、纸张或特定的线时，他们可能会言语急切、令人不快，甚至咄咄逼人。

这个研究让教师（埃伦、玛丽拉和内德）做出以下调整：

- 减少他们放在每个架子上的容器；
- 减少每个容器中的材料；
- 在学习空间之外存放一些材料，使空间中的材料可以持续“更新”；
- 把记号笔、蜡笔和铅笔放在小一点的容器里，并以不同的颜色进行区分。

如果教师花了更多的精力来安排环境和学习材料，那么儿童的挑战性行为也许就能减少。教师的责任就是促进儿童学习，其中一方面就意味着要让材料便于儿童有效地使用，从而避免儿童因找不到合适的材料而引发沮丧情绪下的对话，转而培养儿童进行基于自主选择、决策以及学习的对话。

认同感

物理环境在为每个儿童创造认同感和归属感中扮演着重要的角色。参观新的早期学习环境时，我最先寻找的是一种认同感。当我走进教室的时候，我问自己：“我知道是谁在这个教室里吗？这个教室里什么是重要的？”当我看到孩子们的绘画作品、书写作品被展示出来时，我就知道教师重视孩子们的学习成果。当我在墙面上只看到买来的记录表时，我得到的信息是，这间教室更多地属于教师而不是儿童。

每个儿童都需要在教室里感到自己有一席之地。他们需要看到自己的想象力被展示出来，他们的学习和游戏在环境中得到重视和体现。甚至展示儿童作品的方式，也会给儿童和参观者传达出一些信息。教师有没有用卡纸或造型纸仔细地装饰儿童的作品以突出它们的重要性呢？每幅作品有没有被认真地对待，被平等有序地挂在墙上，让人们既可以单独地又可以整体地欣赏这些作品？还是作品被随意地粘贴在公告板上，边角已经磨损，快要从墙上掉下来？这也许是很极端的例子，但重视反馈的教师会通过仔细、认真地展示儿童的作品，让儿童知道他们的工作得到了重视。把儿童的绘画作品或书写作品想象成你希望挂在自己客厅的艺术作品，给它应得的重视，把它展示出来。

当我走进劳伦和加里的一年级教室时，我最先看到的是对着门口的一个小书架。最上层的植物为古老的建筑带来了一抹柔和的色彩与生机。架子上是简单的木质相框，这个相框是教师从街对面的一元店买来的，相框里是每个孩子快乐的照片。在这间教室里，什么或谁是重要的显而易见。在特雷莎和达克斯的一年级教室里，每个孩子都有一个专门的地方进行阅读，也有一个专门的柜子放自己的东西，每个柜子都清楚地贴上了他们的名字和照片。孩子们知道自己属于这个班级，因为他们拥有这些专属空间。

我们班的全家福（颖颖，5岁）

让家长对你的班级产生认同感也很重要。既然孩子们感到自己属于这个班级，那么家长也必须得到归属感。教师德布拉、扎菲拉及埃尔莎为班级里的孩子们和每天送他们上学的家人拍了合照。这些合照被教师用小的木质边框装饰并展示出来。每天当儿童和他们的家人走进教室时，他们自己的照片欢迎着他们，告诉他们这是“他们的”空间，他们属于这里。

你也可以请每个家庭向你和儿童分享一件重要的物品，并且允许你把这件物品放在你的学习环境中保管一段时间。请以自豪而审慎的态度去展示这些物品。这是一个特别有用的策略，有助于不同的家庭组成团队并互相学习，同时感受到他们独有的身份受到尊重和重视。在孩子们在场的情况下，你可以与他们的家长交流，这样孩子们会知道你对他们的家庭感兴趣。如果家长没有可以借给你的特别物品，那就问问他们是否愿意帮助你从网络上或图书馆的书上找一张合适的图片。在展示每件物品的时候，要配上相应的文字说明，解释一下为什么这件物品对教室来说是重要的。

当儿童和家长在学习环境中看到与自己相关的元素时，他们就会产生归属感。分享自我能把他们联结成一个共同体。他们会说：“我们属于这里，而且我们都属于这里。”这是与儿童及其家庭建立关系并与他们展开对话的基础。

建构你自己的理论认识与实践

在你的班级里，你怎么确保儿童及其家长有一种强烈的认同感呢？回顾一下前面提到的方法。列出在你的教室里可行的方法。不要限制想法，尽可能多地写出来，然后圈出两个对你来说切实可行且易于实施的方法，把它们付诸实践。

你的环境如何显示你也属于这个学习团体呢？你的身份是如何得到反映的？例如，在孩子全家福的旁边，有没有你的照片、你和你家人的照片？你是否也会分享一本来自你家里的你最喜欢的书并将其放在图书区的陈列架上呢？

一日活动安排

一日活动安排的“瓶颈”就是，每天只有那么几小时。可如今，教师要和满满当当的课程做斗争，每天似乎都有必须加入的新课程或新项目。为了应对这些不断增长的压力，教师需要对做什么、不做什么做出明智且深思熟虑的决定。一个明确和清晰的愿景将帮助教师做出选择。

通过阅读本书，你已经展现出对儿童互相学习、共同学习的兴趣。你有兴趣通过倾听儿童的对话进行学习，以创设一种主动探索的学习氛围。

像大多数成人一样，我确信你可以回忆起你因为时间紧张而感到局促不安的一天。在这样的日子里，要做的事情太多，在一天结束的时候，你会感到匆忙、疲惫和有压力。对于成人来说，这可能是因为你在一天里想要做的事情太多，或者没有为每个任务安排足够的时间，又或者有些没有预料到的事情发生了，占用了你本来要用于完成任务的时间。

对于儿童来说，也是如此。有时候他们的一天也过得匆忙而充满压力。然而，区别就在于他们没有控制权，让一天变得匆忙而充满压力的是成人。教师经常无意识地用不同的活动把儿童的一日生活安排得过于紧凑，以至于儿童几乎没有时间去尽情享受并探索每个学习机会。一日活动的安排需要为儿童的一日生活提供一种节奏，但这不应该也不需要被时间严格控制。根据儿童的情况，让儿童根据自己的节奏去学习是更有效的，这将有助于防止他们有压力和匆忙地度过一天。

与此同时，重要的是不能完全忽视一日活动常规，因为活动常规的安排会让孩子们形成秩序感。像使用地图找到目的地（目的地就是儿童的学习）那样，想一下你的一日活动安排。当你在途中看到一些有趣的东西时，短暂地不按照计划好的路线走而是绕个远路也没关系。有时可以让儿童来引导进程，比如，当儿童还需要继续玩 5 分钟的时候，或者驻足观看蝴蝶破茧而出的时候。当儿童分心的时候，运用你的观察来决定什么时候该暂时停止全班对话，并在另一天再次继续。你可能连续几天都绕远，但请记住，你总是会回到原来的路线，继续遵循你为每天做好的安排。

有时候，教师需要对一日活动安排或课程进行一次“大扫除”。作为一名教师，一天中的某些时段或者课程的某些方面，是否有让你不太满意的地方呢？更重要的是，对于作为学习者的孩子们来说，这些时段或方面是否也不尽如人意呢？孩子们在执行某些任务时，是否只是在消磨时间，而非真正地投入学习呢？你能否重新构想一下学习环境，以便为对话留出更多的时间和机会呢？对这些问题的回答，将有助于你在紧凑的日程安排中为对话创造出更多的时间。让我们进一步分析一下，保证你安排的一日活动中既有自发性对话的时间也有促进性对话的时间。

自发性对话的时间

对话在一天之中随时都会发生。之前我们探讨了与儿童互动以及倾听他们的自发性对话的价值。这些对话（比如，一个孩子早上穿着她新买的名牌运动鞋兴奋地向你问好，或者一个孩子在点心时间告诉大家他的新狗狗前一晚把他们全家都弄得睡不着）可能非常有趣，并让我们更加了解儿童的兴趣和认知图式。自发性对话可以在任何时间发生，只要你给孩子们时间去交谈。想一想你为以下事情规划的时间：

¤ 来园与离园；

¤ 点心时间与进餐时间；

¤ 不受干扰的游戏和探索时间。

你有没有为儿童进行自发性对话提供足够的时间呢？教师可能会无意识地花很多的时间来主导对话，只重视自己和儿童一起对话的机会。然而，儿童需要在一日活动中有大量的机会与他人对话。

来园与离园

当许多孩子同时进园时，大家通常会变得忙碌和慌乱。有时候这对儿童来说感觉更像是一种突然的变化，而不是一个自然的过渡和对话的机会。为了改善这一情况，可为来园时间设立一个弹性的时间（比如15分钟）而不是一个确定的时间。重要的是要跟家长说清楚这件事。思考一下这两种表述听起来有什么不同："请在上午9点到园"和"请在上午8:45～9:00到园"。为来园而设立的弹性时间让儿童有足够的时间实现从家到幼儿园的过渡，去和朋友谈话，去和家长谈话，如果需要的话，还可以去和教师谈话。

考虑一下：你可以如何安排环境和材料来确保来园时间成为一个自

然的过渡？你怎样才能站在门口问候每一个家庭而不需要一直照看其他已经到达的孩子？想想孩子们一到这里就可以和他们的家人做些什么。例如，你可以为孩子们准备拼图或橡皮泥，或者放几本书让孩子和家长一起阅读。儿童能够互相交谈，家长有时间和其他家长交谈，你有时间去听听发生在前一晚或前一周的趣事。你甚至可以在孩子们到来的时候播放轻柔的音乐，这样立刻就营造了一种宁静的氛围，同时也传达出你所期望的环境氛围、噪声控制以及行为规范方面的信息。

在一天结束的时候，不要让儿童匆忙地冲出教室，而要让他们在放学前的 5 分钟整理书包和衣服。这会给儿童多一点时间在放松的气氛中聊天。当然，此时可能没法进行长时间的交谈，但更轻松的节奏会让你和孩子们有更多交流的机会，而不只是你下达指令和说“快走”。另一个方法就是，放学后允许孩子们和他们的家长回到教室里。这给了孩子们一些时间来谈论他们最近参加实地考察活动时的绘画作品和照片。

斯泰茜老师会额外打印一些她拍的孩子们在白天工作的照片。她鼓励家长在每天结束后把这些照片收集起来并把它们带回家。这些照片在家庭和幼儿园之间建立了一种联系，也为每个孩子和每个家庭提供了一些一起谈论的素材。

如果孩子的数量较少，或者家长在不同的时间接孩子，那么应像重视来园时间一样重视离园时间。把离园时间定为和孩子、家长一起交流的 10 分钟，而不是“简单交接”的一两分钟，这样教师和儿童、家长的关系会大不相同。这些教师知道他们需要时间去倾听和谈话。离园时间不只是把孩子转交给家长的时刻，而是从幼儿园到家庭的过渡，在这段时间里有很多可以交流的东西。

点心时间与进餐时间

在儿童的一日生活中，点心时间与进餐时间都是很重要的学习时机。在这些活动中，儿童学习社会性技能、新的词语和精细动作技能。

为了促进儿童的自发性对话，教师需要为这两项活动安排足够的时间。当你为儿童安排的用餐时间超过 10 分钟时，你就给了他们和朋友聊天的时间。家庭式的进餐时间将为儿童和教师提供在小范围内进行自发性对话的机会。进餐时间和点心时间既是一日生活中的重要节点，也是孩子们丰富自身学习的宝贵契机。

不受干扰的游戏和探索时间

如果儿童要参与到对话中，他们就需要时间和他人在一起。通过对话学习意味着重视孩子们彼此交谈的时间，就像重视他们与成人交谈的时间一样。儿童会在自发性对话中学习和成长，这些对话发生在积木游戏或角色表演时，发生在儿童将不同颜色的珠子进行分类、排列时，也发生在儿童在水桌边探索体积和容量时……

然而这个时间通常会被成人压缩。有意义的对话不会发生在区区几分钟内。儿童（和成人）常常需要花一些时间去进入一个情境。教师要让儿童有时间进入情境，然后在被要求收拾整理之前，有更多的时间投入对话和学习。

我们可以在角色扮演区中发现典型的例子。你可能会多次注意到，一个小组的孩子进入角色扮演区后，会先花 5 分钟左右的时间来摆放材料，他们是在熟悉这个空间和其中的材料，这就像表演前的热身，他们需要时间去进入表演状态。另外，儿童的表演常常以平行游戏的形式开始，他们自顾自地表演，而不是一起表演一个共同的故事。因此，通过提供更长的不受干扰的表演时间，你可以让孩子们有更多的时间来度过这个阶段，分配角色并根据当天的表演做出必要的决策。这常常比实际演绎一个故事所花费的时间更长。通过交谈，孩子们能学到很多东西，但前提是要给他们足够的时间去交谈。

在通常情况下，教师不是给游戏安排的时间较短，就是在某个特定的时间决定所有的孩子都需要更换区角。假设你是一个孩子，你正要开始一次令人兴奋的冒险，这是你和其他同伴计划已久的，但教师却说你们必须换到其他的区角，你会有什么感受？儿童需要时间去互相谈论他们的游戏和探索，因为他们谈论的是对他们来说有意义的东西。让儿童来决定什么时候该更换区角，这对对话和学习而言更有益。这表明你尊重孩子们，视他们为有能力的思考者，并认为他们能够做出合理的决策。为了在学习环境中创造一种对话文化，教师必须努力提供这样的时间，并留意自己是否在无意识中缩短了这段时间。

促进性对话的时间

在一日活动中为促进性对话提供时间也很重要。促进性对话为你提供了深入了解儿童想法的机会，它在全班对话、小组对话、一对一对话中都会发生。

班级会议，如晨会或定期的全班对话（例如道恩和瓦妮萨在探索时间前后开展的班会），让你每天有固定的时间进行促进性对话，进而更深入地探究儿童的想法。一个环节开始前的 10 ～ 15 分钟似乎是一段不短的时间，特别是当你有一个半日活动计划的时候，但是当这段时间被用于有目的的对话时，它会为你提供许多发现儿童不断涌现的想法的机会，也会为儿童提供有价值的学习机会。你不一定每天都需要这么长的时间去准备晨会。如果你感到给这个全班会议留出时间有困难，你可以尝试每天把儿童集中起来，但只在一周五天中选三天进行促进性对话，其他几天你仍可以组织班会，而不用花那么多的时间来进行集中对话。

儿童常常在不同的时间来到或离开班级，这似乎不是开展全班对话的最佳时机，更多地进行小组对话可能会更有效，在小组对话中你可以关注三四个孩子的兴趣和想法。然而，当孩子们共享同一个学习空间时，重要的是找机会把他们全部集中到一起，这样他们就会有一种和他人是一个团体的感觉。在你的一日活动中找找这些可能的时机，例如来园时间之前、故事时间之后、点心时间之后。

当其他儿童进入学习区或学习中心的时候，许多小组对话和一对一对话会变得更容易进行。搭班教师应该协同工作，以确保有一名教师在照看玩游戏的孩子，而另一名教师在进行小组对话。如果你没有搭班同事，当一两名家长在教室里协助你看管孩子的时候，你可以尝试进行小组对话，或者在其他孩子都全身心地参与他们最喜欢的活动时，你可以与没有参与活动的孩子进行小组对话。例如，在一所保育机构中，当一些儿童沉浸于玩橡皮泥或假装自己在百货商店时，你可以和另外两三个儿童进行小组对话。你可以在照看某个较为活跃的小组的同时，与这个区角里的另外两三个儿童交谈。记住，这些对话不一定都需要持续很长时间。即使只有三五分钟的对话，你也能发现孩子们的想法。

进餐时间是自发性对话的绝佳时机，也为你提供了进行促进性对话的机会。如果你只需要照顾班里的一小群孩子，也许你会发现这种对话时机特别有用，这可能是孩子们有意识地聚在一起的为数不多的时间。你也可以在读完一本书后，和一个小组开始对话，一小群孩子围坐在你的身边，你与他们一起谈论、分享读书的体会。

有时候在孩子或一小群孩子专注于学习时，花点时间和他们进行对话会更容易。例如，在注意到乔和哈里森喜欢每天玩玩具火车时，你决定更多地了解他们有关火车的先前经验。你在他们游戏的时候坐在他们身边，倾听他们对话并轻声地提问。尽管这不像全班对话或小组对话那么正式，但因为有明确的目的，你仍然可以参与对话，你提问是为了更深入地了解他们对所谈话题的看法。或者，你可以向他们介绍一件物品（比如，一个火车铁轨的模型或一张蒸汽机的照片），并把这件物品带到男孩们游戏的地方。也就是你在游戏中引导男孩们进行对话，而不是让他们停止游戏来进行对话。尽管如此，你仍需注意不要经常这么做，因为儿童需要纯粹的游戏时间。

建构你自己的理论认识与实践

在你和幼儿一起度过的一天中，你有没有感到匆忙或时间紧迫的时候？在这些时候，儿童的感觉可能与你相同。你能做些什么来改变这种状况呢？你想做的是不是太多了？你能不能做一下“大扫除”，删除一些任务，或把一些任务移到一天中的另一个时间，从而为儿童提供更多的时间来进行不间断的游戏和对话呢？

有时，当身处一种情况中的时候，你自己很难公正、现实地看待这种情况。跳出你的一日常规，仔细审视来园、离园、过渡和进餐时间。请搭班教师负责这些时间段里的监管工作，这样你就能够退一步进行观察。你也可以用三脚架支起摄像机，对每个环节进行10分钟的拍摄。对于一日活动的节奏和流动性，你发现了什么？儿童有时间交谈吗？班级氛围是繁忙而吵闹的，还是顺畅而平和的？班级里谁的声音最常被听到？你是否需要做出一些改变呢？

对话需要的氛围

学习环境不只是教室里的物理环境布局和安排，还包括情感层面的氛围。情感氛围是指你走进教室时的感觉以及身处其中时的感受。为了获得最佳的学习和对话，你需要创设一种情感氛围，让每个身处其中的人都有安全感，愿意冒险、尝试新事物并进行学习。

怎样的环境能够支持儿童自信、开放地参与对话呢？让孩子们和他们的家长知道他们属于这里，知道这里是一个共享的空间，有属于他们的交流空间。孩子们和他们的家长感受到自己是属于这个集体的，彼此之间存在着联结。这种环境是儿童想待的地方，在这里他们有自信去做自己，去冒险，去充分地参与活动。这样的环境会支持互相信任、互相尊重的关系。当教师抽出时间去了解儿童和他们的家人，并为儿童的一日生活安排有逻辑性和可预见性的活动时，这样的一个环境就被创设出来了。

了解儿童和他们的家庭

要想建立互相信任、互相尊重的关系，你需要了解和你建立关系的人。了解一个儿童也就是了解他的家庭，这两者在教师的头脑中不能被分开。教师首先要做的，就是有意识地、专心地倾听儿童及其家庭。教师有时会忘记这一点。倾听看似简单，但对他人而言是一种礼物。这让儿童知道，他对你是重要的。你对他真诚的兴趣会让他强烈地感受到自己的价值，也会帮助你们建立起互相尊重、彼此信任的关系。你听得越多，你知道得就越多，并且大多数时候，他和他的家人就越会乐意与你分享和对话。了解儿童及其家庭的具体策略包括以下几点。

- **“认识你”的聊天**。在开学之初，安排10分钟的时间，与每个儿童及其家庭进行“认识你”的聊天。把这次机会集中于“倾听”他们，而不是向他们介绍你的课程或想法。请他们与你分享孩子在家里的表现：他喜欢做什么，他喜欢和成人一起做什么，等等。请让这个对话始终是非正式而愉快的。一个孩子的家庭成员的名字，他有一只叫作“毛毛”的小猫，以及他的祖母住在他家隔壁，若能知道这些信息将是非常有用的。
- **“家长见面会”**。许多教师会在晚上或上午举办一场非正式的“家长见面会”。如早晨的茶点会、自带菜肴的自助晚餐会、公园里的野餐会，都有助于家庭和幼儿园之间的关系得到发展。这给儿童传递了重要的信息：他们是重要的，他们的家长是重要的。同样，他们的家长会觉得教师和园所是重要的。
- **一对一对话或小组对话**。保证你和每个孩子都会进行有质量的一对一对话或小组对话，特别是在开学的前几周。在你的计划书中列一张清单，核对一下你是否已经和每个孩子进行过一对一对话或小组对话，以免不经意地漏掉某一个孩子。这种对话每天都能发生，例如当孩子玩积木的时候，当孩子靠在软垫上看书的时候，当孩子在点心时间或早餐时间和不同小组的孩子坐在一起的时候。

¤ **个别记录**。随身携带一个小笔记本（放在口袋里），或把它放在你常和孩子们交谈的地方，这样你可以快速地记录下儿童和你所说的话。这将帮助你迅速地了解每个儿童的兴趣，了解他们看重的事情。

¤ **独有的特征**。在开学的前两周，为你自己设定一个目标：了解每个儿童身上发生的一件不寻常的事情或有趣的事情。你可以通过不同的方式去了解儿童：可以观察他们的游戏或倾听他们的对话，或者采取一种更有计划性的方法。当孩子们带来他们喜欢的东西并与大家分享时，为这些珍贵的物品布置一个特别的展示桌，同时也和孩子们分享你自己喜欢的东西。

¤ **暑期纪念品**。凯茜老师、卡罗尔老师和费迪南德老师经常在新学期开始时，要求孩子们带一个暑期纪念品来幼儿园。老师和孩子们可能会分享一张电影票、一个贝壳、一顶从佛罗里达州带来的太阳帽或一幅自行车的画。伴随着孩子们（和老师）展示纪念品，大家分享、记录、展示自己的故事。

建构你自己的理论认识与实践

写下每个孩子的名字。在每个名字的旁边，写上你知道的关于这个孩子的一些事情，比如他的兴趣、他的宠物的名字、他最喜欢的食物、他在家里喜欢做什么，等等。挑战自己去观察和记录那些在你的学习环境中尚未被直接观察到的事物。你能为每个孩子做到这一点吗？你是否需要花更多的时间在某些孩子身上，才可以更好地了解他们？

你怎样才能了解所有的孩子和他们的家庭呢？为你自己和你所处的教育情境列出可行的方法。不要限制想法，尽你所能地写。圈出两个你认为可行、可控的方法，并将它们付诸实践。

确保一日生活安排的一致性和可预测性

学习既关乎认知经验，也关乎情感经验。当一种信任、安全的氛围被建立的时候，儿童会感到参与其中是安全的。你在开学时对教学和实践的有效安排，可以为儿童提供一种可预见的环境。当孩子们知道要做什么，获得支持去独立行动，而且不被强制要求做出成果时，他们会感到安全。孩子们受益于有可预测的日程。当他们知道自己在一日生活中要做些什么时，他们更容易完全参与而不会有不确定的无序感。为了保证你的一日生活安排既有一致性又不变得刻板，没有必要看着钟表去精确地控制一日生活安排。更好的做法是按照儿童的节奏，根据他们的互动和参与情况来安排。

为了确保一日生活安排的一致性和可预测性，你可以每天用相同的方式把儿童集中起来开一次晨会，或者在区角活动结束后运用相同的信号和转换方式提醒儿童收拾东西。另一个关于一致性的例子就是，每次进行活动转换的时候，让孩子从架子上挑选一本书，并坐在专门的铺着毯子的区域看书。你可能在进餐时间有例行的常规或固定的规则，比如让孩子帮你收拾杯子；你也可能在每天的午睡时间前，播放一段轻柔的音乐，或者把一个孩子抱着让他坐在你的膝盖上，而你则为他读书。上午的半日活动安排可能包括让孩子玩橡皮泥，这给了你时间去欢迎、接

我在看书（旭旭，5 岁）

待其他的孩子及其家长。孩子马上就会明白这些常规并用心记住它们，这给他们的一天赋予了一种节奏感。同时，可预测性让他们能够放松而充分地参与活动。

许多教师会运用可预测的结构来组织他们的晨会，因为他们发现以相似的方式开始每一天会对儿童有好处。例如，会议可以以问候游戏或歌曲开始，然后教师朗读他为儿童写的话或信件。这种信件（常常被称为“晨间信息”）会告诉儿童一日活动的安排，这也是另一种确保活动有可预测性和一致性的方法。

最后，为了真正给儿童提供有一致性和可预测性的活动，教师需要遵守诺言。这听起来似乎很容易，但一旦你告诉一个孩子你要做什么，你就必须按照你所说的去做。如果一个孩子在游戏中错过了轮到他的机会，教师会说：“明天第一个就轮到你。”教师必须保证第二天“确实”第一个轮到他，如果需要的话，把他的名字写在提示本上以防忘记。试想你自己是一个 4 岁的孩子，听到这种信口说出的承诺，然后发现教师没有遵守诺言，你会有什么感觉？同样，不要用你不会做或者做不到的行为来威胁儿童，这也很重要。如果教师威胁孩子，“你再那么做，我会叫你妈妈来”或“因为你在桌子上画画，所以你不能再用蜡笔”，但根本不打算真的叫家长或剥夺孩子使用蜡笔的权利，儿童就会变得不再相信教师说的话。

建构你自己的理论认识与实践

你如何为学习创造一种可预测的、安全的环境？反思一下你目前的安排，并想想活动之间的过渡时间。你现在对这些过渡的安排是怎样的？每个过渡的安排是否不同？你是否可以用一种具有一致性的方法让儿童知道什么时候该转换活动了、什么时候该收拾玩具和材料了，等等？

儿童如何知道每天的活动安排？列出所有对他们来说具有预测性的活动的清单。这种常规或安排如何给予他们安全感？又是否能在需要的时候，让他们有灵活调整的可能？

小　结

瑞吉欧教育者们把环境视为儿童的另一位教师（Gandini，1998）。这种观点为我们提供了一种有效的方法去思考环境对学习的影响。环境在我们的教学过程中能帮助我们，也可能会妨碍我们。我们都受自己所在环境的影响。它影响我们的心情、情绪以及参与程度。学习环境应该成为充满学习、乐趣和希望的地方。人们在这样的学习环境中建立联系，并进行互动和对话。

有许多优秀的资源充分地探究了环境的强大作用。要了解更多，你可以阅读德布·柯蒂斯（Deb Curtis）和玛吉·卡特（Margie Carter）的

《为了生活和学习设计》[①]（*Designs for Living and Learning*）、安妮塔·鲁伊·奥尔兹（Anita Rui Olds）的《儿童保育中心设计指南》[②]（*Child Care Design Guide*）等图书。

你可能无法实践所有本章中提到的想法。事实上，一门课程也不可能面面俱到。选择那些对你和你关心的儿童来说适当的方法。你也可以尝试一些新方法，并且给自己一些时间去熟悉新方法。每门课程和每个小组中的儿童都是不同的，因此你需要调整这些方法，这样它们对你才会有用。

① 该书中文版已由南京师范大学出版社于 2018 年出版。——译者注

② 该书中文版已由机械工业出版社于 2008 年出版。——译者注

第四章

促进对话

老师和我一起玩耍（益益，5 岁）

“好老师就是那些你可以向他们提问，而不用担心自己显得愚蠢的人。”

——萨姆，一名6岁的孩子

“她会倾听我们的想法，比如当我们就某件重要的事情开班会时，她会询问我们的看法。”

——丹尼尔，一名7岁的孩子

我们已经明白创设一个鼓励对话的学习环境是非常重要的，这种学习环境能够让教师运用对话来深入了解孩子的想法。我们还探讨了教师对儿童、智力以及学习的看法如何影响他们与儿童的互动，以及创设最佳环境在促进对话方面的作用。本章将更深入地探究教师如何促进与儿童的对话，如何丰富、激发儿童的思维。同时，本章还提供了一些与儿童对话的有效策略。

“令人惊讶的是，大多数三四岁孩子在进入我们的教室时，对自己的话并不那么重视。一旦他们和我们在一起一段时间，他们就会开始深刻地意识到，他们的言语反映了他们是谁，是多么值得被重视。这是我们项目的价值——他们始终觉得自己有值得说的东西。”

——扎菲拉·阿祖莱，一位教三四岁孩子的教师

学习促进对话的具体策略将帮助你走进孩子们的思维世界。为此，教师需要学习以下技能：

- 认真地倾听；
- 保持安静；
- 提出有价值的问题；
- 帮助儿童发展对话技能；
- 总结对话；
- 使用记忆工具；

¤ 结束对话。

认真地倾听

几乎每本关于儿童对话的书都有一部分内容是关于倾听的，许多研究也将学习语言的焦点集中在教育儿童如何倾听上。有效地倾听是学习和生活中的一项重要技能，而教师有效地倾听儿童的语言也是非常重要的。因为只有倾听，你才能为儿童设计相应的课程。认真地倾听是指：

¤ 有目的地倾听；

¤ 倾听儿童的想法；

¤ 放弃对话控制权；

¤ 尊重儿童的想法；

¤ 从一两分钟开始。

有目的地倾听

“有目的地倾听”强调倾听与听的区别。教师常常能听到儿童的各种声音，但他们仅仅听到的是声音，并没有深入理解儿童话语的含义，这是听而不是倾听。要想知道儿童的想法，不仅要听其音还要听其意，要用心灵倾听。教师表面上很容易做出认真倾听的样子：安静地坐着，身体倾向讲话者，看着他，偶尔点点头。但你有多少次发现自己在这一过程中走神了？当听到一个观点后，我们的思维很自然地会偏离正题。不过你越能意识到这一点，越能将注意力转回到讲话者所说的内容上。

倾听儿童的想法

倾听儿童的想法而不是仅仅听他们的话并不容易，特别是在繁忙和嘈杂的学习环境中。其实，在任何环境中都不容易做到这一点，包括在成人交往的环境中。当一个人开始讲话的时候，他的想法就在不断生成，也就是他在“大声思考”。这些想法往往是以一种杂乱无章的方式传达的。当我重新听自己在会议或演讲中的录音时，我常常感到难为情。因为我的耳朵非常“挑剔”，能听到自己在说话时表达不流畅，不能充分表述自己的想法，词汇贫乏，还有语法错误，但总体上还是说清楚了自己的想法。

如果你想了解儿童的想法和困惑，那么有效倾听的第一步是付出时间和耐心，以理解儿童的语言。儿童会告诉你一些事实，如彩虹由哪些颜色组成，衬衫上有几个纽扣，但是要想从中发现儿童的思考方式，以及他们正在形成的理论、困惑和想法是非常具有挑战性的。后面章节讲述的有关收集和解读对话的策略也将帮助你培养“听出话外之意”的技能。你越多地练习倾听儿童的语言，就越能熟练地掌握倾听技能。最重要的是要记住，你正在倾听儿童对世界的独特看法，而不是背诵事实。花点时间和儿童在一起，给他们时间去形成、创造和分享自己的想法。

放弃对话控制权

在传统的师生交往中，教师总是控制着对话。教师决定对话的主题、问题，决定哪些学生回答问题。如果教师不喜欢学生给出的答案，他将继续提问或者将问题稍作改变后再提问，直到有人给出他觉得满意的答案。有时候，他可能提供一些线索，如“你几乎是正确的”或“不完全是……和乔斯说的有关系”。我将这种提问称作“猜猜老师的想法是什么”，因为教师正在寻找问题的固定答案。在这种对话中，教师始终控制着对话方向。他知道提问的结果，因为他已经对此做出计划，并确保自己能得到预期的答案。

真正倾听一个人说话，必须放弃你个人的某些控制。这意味着你不再完全控制对话的思路或结果，别人有权改变话题，这也正是许多教师在创设对话文化的过程中感到气馁或有挑战性的一点。

教师教育往往侧重于培训新教师的提问能力，即通过发问来检验儿童对所教知识的掌握程度，这正是一种控制型对话，儿童没有了对话控制权。因此，若要逐渐放弃你对对话的控制，让儿童掌握对话方向，第一步是要思考你的对话目的，然后问更多的开放性问题。这些问题试图发现儿童的想法，而不是寻找已知的答案，你要把这一过程看作一段令人兴奋的探寻之旅。

尊重儿童的想法

你每天进行的一些对话应当能够揭示儿童的思维。当然，仍有一些时候你需要通过对话从儿童那里获取具体的信息，例如，“你今天午饭想吃意大利通心粉还是鸡肉？”或者“剪刀放在哪里？”。但慢慢地，你的对话将更多地聚焦于揭示儿童的思维或他们对某些事物的想法。与其假设他们在想什么、知道什么或想做什么，不如越来越多地询问他们的观点和想法。

当埃伦和玛丽拉班上的儿童对乐器产生兴趣时，她们不知道该如何以有意义的方式将这些东西引入区角游戏中。“让我们听听孩子们的想法吧，”她们决定并探讨着，“孩子们的想法是什么呢？”

我们在玩乐器（子怡，5 岁）

埃伦和玛丽拉问儿童：“你们认为我们能怎样在角色扮演区使用各种乐器呢？怎样改造角色扮演区，我们才能玩上乐器呢？”经过热烈的讨论，他们决定将角色扮演区变成乐器修理店，三名儿童负责创建商店，里面有商店招牌、活页乐谱、乐器以及广告。乐器修理店丰富了儿童在游戏中的对话，这个游戏在班上一直持续了好几周。

教师要慢慢地通过与孩子的对话来发现孩子的想法。下次当你给一个或一组儿童读书时，不要让他们复述故事线索，而要让他们讲一讲书中的内容，并提出问题："你认为那怎么样？对你来说，你觉得哪部分最有趣 / 最让人害怕 / 最让人悲伤？你会和主人公做一样的事情吗？当它发生的时候，你是怎样想的？"下一次当你要为拼贴作品准备材料时，可以让一两名儿童帮你选择材料；再下一次组织大型活动时，可以让儿童自己选择所需的材料并制作一些东西。例如：在关于汽车的研究中，用纸板箱制作一辆汽车；在关于童话的研究中，建造一座城堡；在关于春天的研究中，制作一个蝴蝶标本。教师要做的是帮助儿童列出材料清单，并在几天内与儿童一起收集这些材料，然后促进他们关于活动的对话，探索使用材料的新的可能性，明确需要先做什么，等等。使用这些对话来发现孩子们的想法，不要告诉他们你认为某种材料最有用，而要允许他们自己探究。

从一两分钟开始

当你越来越有意识地倾听儿童的语言时，不妨先坐在一个孩子或一小群孩子身边，集中精力和他们一起沉浸在当下。沉浸在当下意味着，教师让儿童做决定，给他们时间行动。不要让儿童按照你的安排做事，不要让他们刻意寻找某些特定的信息，因为这些事情都会自然而然地发生。开始时你只需坐在那里倾听，注意他们的语言。尤其当你被邀请参与儿童的对话时，只是参与，不要干预。其实并不需要很长时间，只要停留和倾听一两分钟就好。每天都这样做将有助于你与儿童形成和谐的关系，并养成先听后说的习惯。

在刚开始时你会觉得很奇怪，因为教师已经习惯在学习环境中担任主讲人，有时他们在潜意识中会认为，如果他们不说话，他们就不是在教学，因此孩子们就没有学习。通过社会建构主义的观点来理解学习，并将孩子视为有能力的个体，你也许会改变上述看法，但一些习惯确实很难改变。

确保你在不被打扰的一段时间里倾听儿童的对话，例如，不要选择早晨来园的时间，也不要选择午餐时间，而要选择其他孩子都安定下来并投入其他任务中，或者教室里有另一个成人可以监管和辅助孩子们的时候。

仔细选择倾听的时间和地点，不要因其他工作而转移注意力。例如：你可以和一组儿童坐在一起，倾听他们吃午饭时谈论的内容，而不是在就餐区给儿童分完午饭后，站在旁边照看他们；或者你可以坐在玩沙的孩子附近，听他们交谈，而不加入其中。

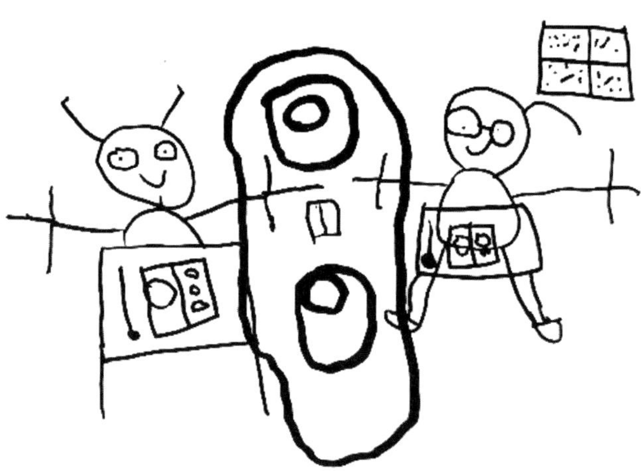

老师和我一起吃饭（小妤，5 岁）

每次试着倾听一两分钟。关键是认真地倾听，而不是心不在焉地听。渐渐地，你可以运用本章随后阐述的一些策略来延长倾听时间。

建构你自己的理论认识与实践

选择一次可以与小组中的每一个儿童对话的机会。选择一段可以给予儿童全身心关注的时间。

有目的地倾听儿童的对话。只要倾听就够了。

第二天回到相同的地方或加入相同的小组，再一次有目的地倾听。

在倾听一些对话后进行反思：在第一天和第二天，儿童说的是不同的事情吗？这些对话是否与孩子们所参与的任务或学习经验有关呢？在不同的日子里，孩子们有没有谈到一些共同的主题或想法？

保持安静

成人常常害怕面对对话中的沉默，沉默的时刻会让人感到不安，因此我们需要一些时间来习惯沉默。一些人觉得沉默是很艰难的时刻，要用聊天来填补谈话的空白。

教师带着成人的社会规则进入学习环境。当一个孩子在谈话中保持沉默时，教师通常会认为这个孩子不明白、不知道或者拒绝回答。但可能这名儿童只是在思考教师的问题或自己的想法。当然，也可能他真的不明白这个问题，教师需要换一种方式重新提问。但教师如果不给儿童思考的时间，他们可能会形成错误的假设。没有一种方法能让教师准确地知道儿童内心的想法，等待和允许沉默的存在有助于你尊重孩子的思维过程和想法。你可能会从儿童那里得到一个令你意外的答案，甚至可能得到另一个孩子的回应——这个孩子能够读懂社交暗示，并将沉默视为参与对话的机会。

当你鼓励儿童进行交谈时，珍视沉默也是非常重要的。在学习环境中，大部分对话都是由教师引发的，并遵循“提问—回答—再提问—再回答”的模式。这些对话主要在成人和儿童之间进行，很少在儿童与儿童之间发生。这些对话向儿童传递了很多信息：教师是对话的控制者，儿童和教师的谈话是最重要的，儿童只能从教师那里学到东西。

要想创建儿童互相学习的环境，你需要有目的地增加儿童之间的互动，减少教师主导的对话。对于习惯传统教育模式中的说话方式的儿童，让他们主动交流是非常困难的。他们可能已经适应了教师主导的对话，他们需要时间、示范、鼓励和实践来学习如何在小组对话中互相交流。他们还需要时间来学习如何回应同伴的观点，而不仅仅是回应教师的观点。

第三章探讨了对话空间的布置如何影响儿童之间的对话。对话中的沉默可以让儿童明白：对话不仅仅是和教师进行一来一回的“网球比赛”。沉默让另一个孩子有机会参与进来，并打破了“教师—儿童—教师”的循环模式。你可以简单地扫视一下所有的儿童，用肢体语言暗示你正在寻找更多的意见，或者用点头和微笑暗示一个儿童可以继续说下去。

第二章讨论了留出思考时间对打破“教师—儿童—教师”这种单一对话模式的重要性，否则儿童会通过微妙却深刻的方式形成一种认知——唯一重要的回应是他们对教师的回应。他们可能会意识到自己不需要倾听同伴的想法，因为他们从不被要求思考或评价同伴的想法。

提出有价值的问题

在学习环境中让儿童的声音被听见，并不是削弱教师的角色。提问在引导对话中是非常关键的一部分。如果对话的目的是挖掘儿童的想法，那么需要避免出现像“猜猜老师的想法是什么”这样的问题，因为这类问题不能让你达成目的，不能使你对儿童有更深入的理解。“猜猜老师的想法是什么”等问题只能使儿童形成一种想法——教师的想法是“正确”的。时间一长，他们就学会了要给出让教师满意的答案，而不会表露自己的想法。

一些问题会引出更多有创造性的想法以供分享。最重要的是要明白提问的目的——发现儿童的想法，而不是强化教师已有的思想或检验儿童习得了多少知识。如果你清楚提问的目的，你会发现更容易筛选出那些无法引发多元回答和不同观点的问题。

你最好能更深入地研究不同类型的问题，以加深你对自己经常使用的问题的理解。本节将简要介绍以下类型的问题：

- 开放性问题；
- 深入探究儿童思维的问题；
- 用于澄清和聚焦想法的问题；
- 联系儿童经验或想法的问题。

开放性问题

在第二章，我们已经讨论过开放性问题。上大学时，我们将开放性问题称为“肥”问题，将封闭性问题称为“瘦”问题——这是多么绝妙的概念隐喻啊！“肥”问题让人联想到广阔、丰富和充裕，而“瘦”问题让人联想到节制或约束。

开放性问题可能得到一个很长的答案或多样化的答案，其中包含丰富的观点和想法。答案是由回答者“拥有”的，提问的目的不是寻找一个固定的答案。

封闭性问题只有唯一正确的答案。“猜猜老师的想法是什么”就是一个典型例子，因为教师已经知道答案。封闭性问题通常会阻断与提问者不同的观点或意见。答案是由提问者“拥有”的，而不一定由回答者“拥有”。

表 4.1 提供了封闭性问题和开放性问题的示例。

表 4.1　封闭性问题和开放性问题示例

封闭性问题	**开放性问题**
你正在做什么？	谈谈你做的这个东西吧。你是怎么做的？
光来自太阳吗？	我们在哪里可以看到光？ 我们如何得到光？
幼儿园的建筑是高还是低？	你注意到幼儿园的建筑了吗？ 当你看向隔壁的建筑时，你看到了什么？ 当你俯视或仰视时，你看到了什么？
是你在那里放了一块积木阻止它掉落吗？	为什么你在那里放一块积木？ 当你在那里放一块积木时，发生了什么？ 你想让那块积木发挥什么作用？
你觉得没有窗户我们能看见外面吗？	为什么我们要有窗户？ 窗户有什么用？没有窗户会是什么样子的？

很重要的一点是，我们要明白开放性问题和封闭性问题是如何形成、限制或拓展儿童想法的。然后你会明白要想发现儿童的想法，提出开放性问题是多么重要！

封闭性问题只能让儿童形成一种固定的想法，这样做只能使他们越来越偏离最初的想法。对教师来说，必须要意识到他们可能正不知不觉地让儿童按照他们的方式来思考问题，或者让儿童接纳他人的观点而忽略自己本来与之不同的想法。当教师希望儿童以成人的方式思考时，教师就是把自己的话语直接塞给儿童。

举个例子，下面是我（莉萨）与 4 岁的爱丽丝的交谈，我按照我的图式进行假设，却没有考虑她的想法。

爱丽丝（儿童）：“我的大脑是一个气球。”

莉萨（成人）："一个气球？"

爱丽丝："是的，一个大的气球。"（大笑）

莉萨："它就像一个气球一样变大？真有趣。大脑是如何变大的？"

爱丽丝："不，它圆圆的，像个气球。明白吗？"（给我看她的画）

爱丽丝非常自信地告诉我，我的理解是不对的，这使我怀疑自己常常对其他儿童做相同的事，但他们没有像爱丽丝那样自信地告诉我：我并没有理解他们的意思。现在我明白"它就像一个气球一样变大？"的问题把爱丽丝引向了一个特定的方向，而这并不是她原本的方向。这是一个封闭性问题——她只能回答"是"或"不是"——把她引向我的思维、我的观点、我关于大脑和气球的图式，但这些都不是她的想法。

与爱丽丝简短的对话提醒我，以后要更加重视儿童是通过隐喻和语言来表达想法的。作为儿童思维的研究者，我要始终清醒地紧扣研究目的——发现儿童的想法，更要对那些无法真正探索儿童想法的问题提高警惕。

深入探究儿童思维的问题

有些问题是开放性的，旨在获得更多的细节和信息。这些问题像小型推土机轻轻挖掘表层土地一样，揭开表层之下的土壤。这些都是能够帮助你理解孩子们思维的问题。如果我能和爱丽丝重新进行一次对话，我将提出开放性问题以试图探究她的想法。

爱丽丝（儿童）："我的大脑是一个气球。"

莉萨（成人）："那是怎么回事呢？你能否更详细地告诉我？"

又或者，当爱丽丝和她的朋友伊索贝尔在外面吹泡泡时，我会这样跟她们交流。

莉萨："为什么你认为泡泡是这样破的？"

伊索贝尔："因为它们不结实，它们不能飞得很远。"

莉萨："哦，为什么你认为它们不结实？"

伊索贝尔："它们是塑料的。"

莉萨："什么能使它们结实一点？"

爱丽丝："金属。"

我提问的目的不是要她们给我一个已知的答案，我也没有试图让她们猜测我的想法或复述成人的权威解释。如果那是我的目的，我会认定泡泡是因为接触地面才破的，而且我会一直问她们，直到她们给出这个答案。相反，我想知道她们认为泡泡破的原因，我对她们的想法和初步形成的世界观产生了兴趣。通过这种方式，我了解了她们的认知图式，知道了她们如何理解或错误地联结信息。我想了解她们是否将泡泡和其他现象联系在一起（正如爱丽丝所做的那样——她将"金属是坚固的"的认知图式迁移过来，认为添加金属能让泡泡更结实）。

我们在吹泡泡（程程，5岁）

在另一些时候，提问的目的是帮助儿童思考以形成假设，然后引导儿童思考其他可能的假设，或者支持他们去验证假设。你的问题将引导儿童思考一些想法，想出一个可能的解释，然后继续思考或探索这个想法。通过这样做，你能够引导儿童学会如何学习。

下面的对话展示了如何使用这种方法。一组儿童通过在投影仪上摆放不同的物体，让物体的影子投射到墙面上。

教师："我们如何保留影子？"

贾森：“不能保留影子，因为太阳会下山，晚上天就黑了。”

凯莱布：“关掉所有的灯，我们不能保留影子，影子就消失了。打开灯，它就变成了另一个影子。”

布赖恩：“把它画下来就能保留。”

克洛：“对，画下来。”

教师：“我们该怎么做？我们能试一下吗？”

布赖恩：“我们来画。”

凯莱布和克洛：“好的。”

教师：“我们需要准备些什么？”

凯莱布：“纸、记号笔。它们会派上用场的。”

教师：“你需要什么样的纸？让我们去储物架那里看看什么样的纸最合适。”

当儿童选择适合画影子的纸时，这位教师支持了儿童——他允许儿童尝试使用两种不同大小的纸，然后他们找到了一张足够大的纸来“捕捉”影子。

在接下来的几天，这位教师关注凯莱布最初的想法：“关掉所有的灯，我们不能保留影子，影子就消失了。打开灯，它就变成了另一个影子。”他问儿童：“我们如何发现每次开关灯时影子是不同的？”他的问题激发了儿童新的想法，延伸了他们关于影子的思考，也为他们提供了学习探索和研究策略的机会。

用于澄清和聚焦想法的问题

有时候，你可能不清楚一个儿童想要和你交流些什么，不要害怕，对他说：“我不太明白。你能再告诉我一次吗？”“我想我有一点困惑，再多告诉我一些信息吧。”在充满安全和信任的环境中，与儿童不断交流会让他们明白，澄清问题是正常对话的一部分。他们会很愿意向你澄清或解释自己的想法，他们将变得非常自信，因为你总是对理解他们感兴趣，而不是测试他们。他们不会像我们这代人求学时那样，当教师表示没听懂我们的话时，我们就会僵在原地不敢言语。孩子们会明白，你把理解他们视为自己的责任。向他们寻求更多信息是对他们想法的尊重。

为了弄清楚一个儿童所说的话，有时候可以稍微改变一下提问的方式或用另一种说法重新表达。当我们出声思考时，我们的想法不能很简洁、清楚地表达出来，儿童也是一样的。当你仔细倾听儿童的语言时，你可以通过重新表述孩子所说的话来帮助孩子澄清自己的想法。这不仅可以澄清你自己的理解，也可以帮助孩子澄清他的想法。

在重述过程中，仔细选择儿童熟悉的词语，不要因新词语的使用而丢失或改变儿童最初的意思。在下面的例子中，我（莉萨）和一组4岁儿童进行了促进性对话，这些儿童正在做关于影子的长期调查。

莉萨（成人）：“我们昨天在操场上观察了影子，记得吗？今天呢？今天你们看到了什么？”

亚当：“今天没有影子。”

克洛：“今天不能看见影子。”

莉萨：“为什么你们觉得今天没有影子？”

亚当：“因为下雨了。”

莉萨：“哦，下雨了？”

亚当：“是的，全湿了，我的鞋子也湿了。”

莉萨：（等一等）“哦，在你来幼儿园的路上，你的鞋子湿了？”

（亚当点头）

莉萨：（等一等）“为什么你们觉得今天没有影子？”

宾：“太阳带走了它们。”

奥蕾莉亚：“没有太阳。”

蕾切尔：“当人们行走的时候，影子跟着人移动。”

克洛："月亮投下阴影，可以形成影子。"

蕾切尔："我移动了我的手，我看到我的影子又回来了！"

正如我们在例子中看到的，重复最初的问题是一个有用的策略，它能帮助其他儿童参与到对话中，并聚焦对话主题。一旦你给予儿童思考的时间，而沉默和肢体语言暗示儿童没有更多的信息可输出时，你可以用不同的声调或伴随着不同的肢体语言重复相同的问题。你可以慢一点重复问题，或者用更轻柔欢快的声调重复问题。如果你感到这个问题已经指向了一个特定的儿童，那么你可以转过身体面对其他儿童重复这个问题。不断地重复"为什么你们觉得今天没有影子？"的目的是聚焦对话主题，并给儿童充分的思考时间。我想知道儿童关于影子的想法是什么。他们的答案无须和我对影子的看法相一致。我重复这个问题以支持想法共享。重复问题能给予儿童更多思考的时间，因此能得到更多儿童的参与和回应。

你可能也注意到，在我做出下一个回应前有一个等待的时间。决定何时、以什么频率重复一个问题，以聚焦对话或者吸引更多的儿童参与对话，是一个微妙的技巧性平衡行为。关键是更好地了解儿童，这样你就能很好地读懂儿童的肢体语言，明白他们的性格和先前经验。这些将使你提出的问题对儿童的对话起到支持作用而非阻碍作用。

联系儿童经验或想法的问题

我们已经探讨了新旧经验相联系的学习过程。因此，提出能够帮助孩子们自己建立这种联系的问题是有意义的。教师可以猜测孩子们正在建立哪些联系，但提问能使教师更好地理解儿童是如何思考的。仔细倾听儿童的回应，教师会了解儿童头脑中的已有联系。提出联系儿童经验或想法的问题就像搭建一座桥来联结儿童的先前经验和新经验，而不是让二者孤立。当伊索贝尔和爱丽丝画她们在后院吹泡泡的情景时，我

（莉萨）和她们进行了如下对话。

伊索贝尔："我要画吹泡泡。"

爱丽丝："我也要画。"

（女孩们画画的时候沉默了一会儿）

莉萨（成人）："还记得我们在泡泡里看到的东西吗？"

爱丽丝："彩虹！"

伊索贝尔："是的，彩虹！现在我要画彩虹。"

爱丽丝："我吹了一个大泡泡套另一个小泡泡。莉萨，你还记得吗？它是最小的一个泡泡。"（指着她的画）

（两个女孩继续画了一会儿）

莉萨："这些泡泡又是从哪里来的？"

伊索贝尔："我们吹的！我现在要画我吹泡泡的样子。"

上述问题帮助女孩们将先前经验和新的画画想法联结起来。下面例子中的问题能够帮助女孩们将对泡泡的观察和先前关于世界的知识联结起来。

莉萨（成人）："伊索贝尔，你说泡泡看起来是什么样子的？"

伊索贝尔："它们是圆的。"

爱丽丝："在里面有彩虹。"

莉萨："是的，现在我想起来了。嗯……泡泡是圆的。嗯……是什么让你这样想的呢？泡泡是圆的？它们像别的东西吗？"

爱丽丝："球是圆的。"

伊索贝尔："有的看起来像地球。"

莉萨："它像地球？怎样的地球？"

伊索贝尔："就像一种软心豆粒糖的形状。"

爱丽丝："软心豆粒糖？它们不是圆的。"

我提出的问题旨在引导女孩们通过思考泡泡和其他圆形物体的关系，来拓展她们对泡泡特性的思考。提问使她们的想法与有关世界的知识（圆形物体）相联结，支持她们思考、整合观点（在这个例子中，就是帮助她们整合关于圆形、地球、软心豆粒糖和泡泡的观点）。“泡泡看起来是什么样子的？”这个问题将泡泡和其他圆形物体联系起来，女孩们给出了很多回答，我得到的是开放式回应，而不是固定的答案。这些回答也让我了解了她们图式中的新信息。儿童的已有图式使她们建立自己的联结，而不是接受成人的观点。在这段记录文字的最后部分，两个女孩继续画自己的泡泡（“像地球”），伊索贝尔还向我们展示了，在她的图式中软心豆粒糖是如何与地球联系在一起的。

建构你自己的理论认识与实践

在下次开展促进性对话前，请一个同事和你进行头脑风暴，将可能引导儿童对话的所有问题都写出来。重读并圈出那些开放性问题，将帮你深入探究儿童的想法。哪些问题能帮助儿童联系先前的想法或经验？哪些问题能帮你澄清你对儿童学习的理解，而不是将儿童引入成人的想法中？

帮助儿童发展对话技能

在帮助儿童发展对话技能的过程中，教师起到了非常重要的作用——充分参与对话。珍妮·吉布斯（Jeanne Gibbs）在《区角：一种学习与生活的新方式》（*Tribes: A New Way of Learning and Being Together*）一书中提到学习倾听的重要性——“认真倾听是我们被给予的礼物”（p.93）。认真倾听学生、家长和同事对教师来说非常重要，而教师也应该教给儿童倾听的技能，这样儿童才能仔细地倾听他人。

成功参与对话需要哪些技能呢？成人常常对人们在对话中使用的各种技能习以为常，因为参与对话对他们来说是生活中自然的一部分。如果能明白儿童需要哪些对话技能，那么你就可以确定相应的方法以帮助儿童发展这些对话技能。这些重要的对话技能包括：

¤ 出声思考；

¤ 拓展对话词汇；

¤ 轮流；

¤ 紧扣话题。

出声思考

为了能参与到对话中，儿童需要将思考内容转变为语言，这比用词语命名特征或背诵事实更难。有些儿童可以很容易地出声思考，但有些儿童需要时间、示范、鼓励和练习才能做到，其中最有效的方式是你自己先出声思考，让儿童知道你是如何思考的。你可以谈谈每天遇到的问题、困惑和想法，向他们展示你的思考过程。当你看到有趣的物体或手工作品时，你可以提出自己的问题或想法：“这是用来做什么的？我不明白，你认为它是做什么的？”“这让我想起了我家里的某个东西。看上面的线条，我觉得它们像我们昨天在沙子上画的线条。”

这样做能让儿童沉浸在出声思考的语言氛围里，这将帮助他们学会用语言表达自己的思考过程。教师要在有意义的、真实的环境中——与儿童一起学习时——示范自己出声思考的方式。此外，切勿将出声思考与课程中的其他学习体验割裂开。

你也许会发现，刚开始，你可能要为儿童提供更多出声思考的示范，当儿童自己拥有出声思考的能力并开始使用出声思考的语言时，你就可以逐渐减少你的示范。当你听到他们说“我想知道”“我想”，并提出关于自身经历的问题时，你就可以更多地关注儿童的观点，而不用提供出声思考的示范了。

拓展对话词汇

为了完全参与到对话中，儿童要知道和理解一些词语。不要认为儿童不说话就没有参与到对话中，其实他在听、在思考。教师的一个目标就是支持儿童拓展他们的对话词汇。早期拥有丰富的词汇量被看作儿童日后取得学业成就的重要指标（Pellegrini，1985）。它也是儿童日后在学校和一生中建立成功人际关系的重要基础。

儿童习得的语言主要有两种，分别是情境化语言和去情境化语言。情境化学习经历在本书的许多案例中有所呈现。当参与到真实生活的对话中时，儿童可以学习新的词语；当在一定的情境中听到成人或朋友使用某个词语时，他们也能学习新的词语。在对话中，这些新词语不断地被重复，提供了一个学习词语的完美情境。对话情境是儿童理解新词语必不可少的，在这样的情境中，这些新词语更有可能被记住、回忆，并在之后的恰当（且不同的）情境中被使用，因为孩子最初是在与自己的学习和经历相关的有意义对话中学会这些词语的。

去情境化语言是那些脱离儿童直接经验的语言，包括许多在传统学习任务中学到的词语，这些任务包括做练习册上的习题、读单词卡上的单词以及查字典。这些去情境化语言不符合社会建构主义学习观，也与我们认为“儿童是有能力的”这一儿童观不相符。儿童不能将学到的这些词语运用到其他情境中，也不能将其与先前经验整合。对于儿童来说，学习这些词语并不是一项令人兴奋的、有吸引力的任务。

研究表明，儿童最容易学习的词语如下。

- **对他们自身来说重要的、有意义的词语**（Markson & Bloom，1997）。我们最先学会的词语常常与家人有关，与我们最基本的需求（如食物和饮料）有关。

- **与他们已经学会的词语有关的词语。**儿童一般在先前经验的基础上学习新的知识。因此，一个知道“飞机”的儿童很有可能学会并记住“直升机”“飞艇”“喷气式飞机”等词语（Bloom，2000）。
- **有机会与相关物品直接接触，而不是只在听到相应词语发音时学习的词语**（Wasik & Bond，2001）。例如，当一个孩子坐火车或玩玩具火车时，他能够更好地学习“火车”这个词语。

以下策略可以帮助孩子们在对话中拓展词汇量。

- **注意你与儿童交谈时的用语。**当孩子们积极地参与学习活动时，在你的语言中融入新的词语，确保你的语言在他们的活动中是自然的、有意义的。例如，在你做水果沙拉，谈及水果、工具以及动作时，要使用具体的词语，不要说“给我那个东西”，而要说“给我猕猴桃”。你也可以说出儿童的具体动作——“我看到你正在切香蕉片。你非常小心地用刀切”。但要注意，在拓展儿童词汇量的过程中要平衡倾听和示范的关系。
- **当与儿童交谈时，正确地对物体和动作进行命名。**例如，当儿童学习蝴蝶的生命周期时，要使用“蛹”和“蝶蛹”这两个词语。
- **使用与儿童先前经验相关的、有意义的词语。**例如，在角色扮演区玩游戏的时候，要说“烤”“烤架”“油煎”“调制”“切细”“（将煎饼等）翻个面”，而不是笼统地说“烹调”。
- **有计划地介绍新词语。**当计划一次学习活动或调查项目时，先进行头脑风暴，列出你想到的有助于儿童拓展词汇量的词语。例如，学习“树”的时候，这样的词语包括“树干”“树枝”“树叶”“树根”“土壤”“花苞”“（树）液 / 汁”“常绿树”。每天不断地使用这些词语，让儿童在各种有意义的语境中听到它们。
- **选择语言优美、插图恰当的图书。**在很多时候，一本语言优美、插图恰当的书可以帮助儿童理解新词语。在谈论一本书时，可以从原书中挑选具体词语，让儿童在另一个有意义的语境中听到这些词语，并且每天在不同的语境中使用它们。

- **多使用动词、副词、形容词和名词**。虽然儿童倾向于先学习和使用名词，但是请记住：与儿童交谈时多使用动词、副词和形容词。例如，看到一个儿童在画画，你可以这样说："你正在画一条又长又细的线，它非常细。看你画的旋涡，它们越来越圆。我看到你正在慢慢地移动刷子。"
- **使用实际生活中的道具**。当交谈或出声阅读时，要使用儿童够得到、摸得到、尝得出、闻得着、听得见的真实物品帮助儿童理解。例如，南希老师在一项关于建筑的调查项目中，将实际生活中的建筑工具投放到区角，结果班上的3岁孩子非常喜欢到这里玩，并乐于谈论水平仪、卷尺、橡胶锤。图书管理员萨拉到不同的教室给儿童讲述三只小猪的故事。她使用生活中的实物，如木板、砖块、稻草，帮助儿童理解故事的内容。后来，儿童喜欢在建构区用材料进行游戏，建造自己的房子，并自发地运用萨拉讲故事时使用的新词语来复述故事。

轮流

在创造对话文化的初始阶段，你可以使用具体的策略，让儿童在对话时轮流说话。但我要提醒你，不要一直依赖这些策略，你可以在集体对话中使用它们，而在小组对话中创设一种更自然的对话结构。教师最终的目标是帮助儿童在没有外部因素影响的情况下学习和发展对话技能。下面的策略将帮你创设"轮流"的氛围，让儿童在协助下理解"轮流"的概念。

- **使用发言物**。例如，教师和儿童坐着围成一个圈，手里传递一样东西，谁拿到它就意味着该谁讲话了。这个物体可能是一个大的玩具话筒，一个小的泰迪熊玩偶，或者一个装豆子的小袋子。我曾经见到教师使用弹力球（教师命名的）有效地帮助儿童谈话。当轮到某个儿童说话时，给儿童一件可以挤压和操作的物品，并告诉儿童：谁拿到发言物，就轮到谁说话，说完要把它传下去。注意你的示范作用，当轮到你拿发言物时，你也要说话。

¤ **围成一个圈**。向每个人展示如何按顺序轮流发言，允许儿童放弃发言机会。

¤ **运用游戏介绍轮流的规则**。有些教师通过棋盘游戏或桌面游戏介绍轮流的规则。例如，当一名儿童与一两名同伴玩“钓鱼”或“记忆配对”等卡片游戏时，他们要学会等待，直到轮到自己玩。“鸭子、鸭子、鹅”和“山谷里的农夫”等圆圈游戏，也能帮助儿童学会轮流的规则。

¤ **男女轮流活动，直到每个人都轮过一次**。克里斯蒂娜·豪（Christine Howe，1997）的研究指出，男孩在班级交往中占有优势。研究表明，即使教师认为他们在全班或小组对话中保证了选择的公平性，男孩依旧比女孩更有优势。这是因为在全班对话中，男孩举手的次数比女孩多，或者教师认为男孩的行为需要密切关注。你可以创建一个男女轮流的模式，避免在教学中出现上述现象。这样也可以建立一个儿童熟悉的、可预测的环境，支持每个人参与其中。

¤ **使用对话标记，例如冰棒棍**。给每个儿童一些冰棒棍或小的立方体（两三个就可以），当轮到他说话时，他就把冰棒棍放在圆圈中间，即他拿出棍子时就“用掉”一次对话机会。因此，棍子一用完，就意味着他丧失了发言的机会。如果班上有一两名儿童总是主导对话，而你又想鼓励其他儿童参与到对话中，那么这个策略是很有用的。我看到过一些不爱发言的儿童尝试“用掉”他们的棍子，这样可以促使他们比以前更多地参与到对话中。

¤ **教儿童学会等待**。当你有一些非常精彩的事情想要与人分享时，等待是一件艰难的事情。要让儿童明白：如果他们学会等待，那么在其他人讲完后你会让他们接着讲。如果你不这样做，他们就不会明白等待的重要性。当别人一讲完，你就马上转向他们，他们会珍惜这样的机会，因为他们知道自己将马上获得与人分享的机会。我记得佩姬老师使用一个手势（手里握着一些东西）暗示学生，让他们等一会儿再说。在不打断其他孩子说话的情况下，这是一种非常有效的方法。

紧扣话题

就像成人一样，在对话中紧扣话题也是儿童很难掌握的一项技能。对于成人而言，跑题是非常自然的，因此成人对儿童的期待也要符合现实。你希望儿童谈论一个话题多长时间呢？如果一组三四岁的儿童在四五分钟后跑题，这是正常的。请自问：我是否希望儿童较长时间地讨论一些问题？

你开启的谈话对孩子们来说有趣且有意义吗？回想一下你让儿童讨论的内容，你所选取的话题应该与儿童相关，而且对儿童来说是有意义的，这样他们才会愿意参与，甚至有可以分享的东西。观察儿童的游戏并弄清楚：什么是反复出现的主题？儿童是否对火车、医生或超级英雄感兴趣？

视觉辅助工具通常可以帮助孩子们记住和紧扣话题。展示与话题有关的照片，有助于儿童记住和紧扣话题；呈现真实的物品（如一个南瓜、一片树叶、一个火车模型），也有助于儿童紧扣话题。

总结对话

总结对话是一个非常有用的策略，周期性地总结对话内容可以保持对话方向，使对话不断聚焦，澄清儿童的想法和教师的理解。总结对话像其他记忆方法一样有用，能让孩子们回想起之前说过的内容。有时候总结对话可以让其他儿童产生更多的想法和思路，但教师要仔细地挑选词语，帮助儿童发展自己的图式，而不是让他们接纳成人的观点。这就像是一个提示或建议，孩子可以选择接受或不接受。有一天，伊索贝尔和爱丽丝正在谈论上小学后会是什么样子，我（莉萨）让她们想象一下学校和幼儿园有什么不同。

伊索贝尔："书在这儿。你在学校学习阅读。"（指着她画的书）

爱丽丝："现在我要画我自己的。你好，贾斯珀。"（指着她画的狗）

莉萨（成人）："贾斯珀在学校吗？"

爱丽丝："不！学校不让带狗上学。傻傻的莉萨。"

伊索贝尔："这是我的作品，我正在读书。它有很多页。"

爱丽丝："我正在学校玩球。这是丹尼尔。他在玩球……我看起来有点难过，不是吗？"

莉萨："为什么你会难过？"

爱丽丝："那是我，我看起来有点难过，因为我的头低着，不是吗？我难过是因为没有人和我一起玩球。"

莉萨："你可以怎么解决这个问题？"

爱丽丝："问别人——有人愿意和我玩吗？"

莉萨："后面发生什么事了吗？"

爱丽丝："没有……这是我的老师。"

莉萨："这是你，你正在想'没有人和我一起玩'。这是丹尼尔，这是你的老师。"（指着爱丽丝的画）

（爱丽丝点点头）

爱丽丝："她正在看我。"（女孩继续画了一阵子）

莉萨："伊索贝尔，你觉得学校与幼儿园不同是因为你将学会阅读。爱丽丝，你认为学校与幼儿园不同是因为你会在外面玩，但也许没有人会和你一起玩，对吗？”

爱丽丝：“是的，但是我的老师会照顾我。”

伊索贝尔：“我的老师也会照顾我。她会教我词语。”

我对爱丽丝说：“这是你，你正在想‘没有人和我一起玩’。这是丹尼尔，这是你的老师。”我总结了爱丽丝之前在对话中告诉我的内容。这印证了我的理解，更重要的是让爱丽丝知道我正在专心地听她说话，我对她的想法很感兴趣，同时这也给了她重新思考自己想法的机会，听到不同的人（老师）重复她的想法。这样的总结就像重新拜访一位朋友，每当孩子回顾自己的想法时，她都会对它们有更深的理解。

同样，我总结了爱丽丝和伊索贝尔的想法：“伊索贝尔，你觉得学校与幼儿园不同是因为你将学会阅读。爱丽丝，你认为学校与幼儿园不同是因为你会在外面玩，但也许没有人会和你一起玩，对吗？”这次总结使两个女孩的想法互相联系，并使得伊索贝尔也开始谈论她的老师。请注意，我在对话过程中是如何给予她们思考时间的。女孩们全神贯注地画画，但我真正感兴趣的是她们关于开始上学的想法，我没有急于用提问的方式来深入探究，而是采用总结对话的方式。因此，总结是另一种让儿童回到对话中的方法。

使用记忆工具

记忆工具可以帮助孩子们将他们探索或表达的想法联系起来。这些想法可能来自早些时候的一次对话或某天的一次经历。你可以使用他们的原话或你的陈述并提出问题。如果对话发生在很久以前或对话中有很多想法，那么总结对话能起到记忆工具的作用。你可以通过一个陈述，帮助儿童回忆起先前的经历或对话。例如，你可以说：

“乔纳斯，我记得一开始你担心女孩们会撞倒你建造的直升机停机坪。你现在感觉如何？”

“你还记得我们去海滩，发现那么多海藻的时候吗？你记得布赖斯把鸟巢带到幼儿园的时候吗？”

教师的语言就是一种帮助儿童回忆和联系先前经验的工具，此外，一些具体的记忆工具也可以有效地帮助儿童联系先前经验，给他们提供一个重新思考过去想法的机会。下面的记忆工具可以邀请孩子们进行关于其想法的新对话，并让他们更深入地思考这些想法。

¤ 给儿童读对话记录；

¤ 与儿童一起听对话录音或看对话录像；

¤ 与儿童一起看他们活动的照片；

¤ 与儿童一起观察他们在活动中使用的材料或物品。

给儿童读对话记录

许多教师会使用先前对话引出新的对话。玛丽拉老师和埃伦老师就有效地使用了这种方法。在一次徒步旅行中，她们记录了儿童关于窗户的对话。第二天，埃伦老师给儿童读了对话记录，孩子们想出了一个主意：画出从教室窗户向外看到的风景。读对话记录让儿童更深入地探究自己的想法，激发新的思维火花，吸引更多的儿童对窗户进行探索、研究。在全班或小组对话开始时，读对话记录可以有效地引导儿童开启新的、有启发性的对话。

与儿童一起听对话录音或看对话录像

播放一段对话录音或录像，能够唤起儿童对过往经历的回忆，他们在听到之前的交谈时会记起那些事情。当儿童慢慢忘记它们时，这些记录能让他们重拾记忆。正如埃伦老师和玛丽拉老师在集体活动中读的对话记录一样，对话录音和录像可以成为儿童的记忆工具。

与儿童一起看他们活动的照片

当庆祝一个特殊的事件（如生日、家庭聚会或旅行）时，我们会拍摄很多照片帮助我们记住这些时刻。记录学习过程的照片给儿童传达了相同的信息：这是值得回忆的经历。每当我们看到那张特别的家庭晚餐的照片，总能回忆起当时的人和事，还有当时的感觉。同样，让儿童看记录学习过程的照片能唤醒他们有关当时事件、感受和想法的记忆。

在参观附近的建筑工地时，南希老师拍了很多照片。在全班对话和小组对话中，她用这些照片帮助儿童回忆那段经历。看着这些照片，就像重温一段珍贵的记忆，儿童有机会再次思考他们当时的想法。在这里，照片不仅是一种记忆工具，还是一种促进深度学习的催化剂。如果没有照片，南希很难和孩子们进行关于实地考察的交流。

与儿童一起观察他们在活动中使用的材料或物品

当儿童看到或接触到以前使用过的事物时，他们就能将其与新事物进行联系，并思考这些事物的关联。例如，教师常常建议儿童从家里带自己最喜欢的毛绒玩具到幼儿园，这个依恋物能够帮助儿童将家庭和幼儿园联系起来，使儿童获得安全感。同样，初次学习活动中使用过的物品，能立刻让儿童回忆起当时的情景（比如烤饼干或去邻居家玩）。也许这就是许多成人在旅行时收集纪念品的原因，我们无论何时看到这些物品，它们都能唤醒我们的假期和旅行记忆。

以下是利用材料或物品帮助儿童重温经历的一些思路。

- 使用烹饪活动中的食谱、餐具或容器来激发一场促进性对话，或者将它们放置在角色扮演区。
- 将一本儿童熟悉的书放在绘画桌或画架上，或者用儿童已知的故事引出一个特定的对话主题。

¤ 询问来访的专家，看看他们是否有一些可以借出（或者低价出售）的物品，这些物品可以帮助孩子们回忆相关经历。在实地考察时你也可以这样做。这些物品可以是海滩上的贝壳、宠物店里的鱼食、医生办公室里的压舌板、公园里的树叶、鞋店里的量脚器或餐厅里的筷子。

¤ 拿着购物单和一组儿童一起购买制作水果沙拉的原材料。

结束对话

有时候很难决定结束对话的时间。有时候可以通过限定对话时间或打断对话预示对话将要结束，但对儿童来说，要尽量减少外界干扰，让他们自然地结束对话。有时候儿童的行为会清楚地告诉你，结束对话的时间到了，比如，儿童不再注意话题，而是对其他事情产生了更多的兴趣。例如，他们对画架上发生的事情表现出更多的兴趣，或者关注坐在他们旁边的人的衬衫，这说明对话无法继续，是结束对话的时候了。教师要避免对儿童进行太多的外部管理。当儿童在班级会议或对话中失去兴趣或变得不安时，不要责骂他们，儿童只是通过行为让你了解他们对某个话题的兴趣度。他们可能是用行动告诉你一些事情，而不是故意破坏“你的”会议时间。是的，当儿童学习倾听和交谈时，教师需要敏感地关注他们、支持他们，但这种方式并不意味着要迫使儿童参与到对他们来说意义不大的事情中。你已经参加过很多次成人会议，如果让你在会议中一直保持清醒，安静地坐着或者保持专注，那将是多么艰苦的一件事。话题、语速、想法、语调、氛围或者其他因素（情感的或身体的因素）都可能阻止你全身心地投入对话，这在成人看来是正常的。那么儿童和我们有什么不同呢？为什么我们希望儿童参与到这些不那么有意义的事情中呢？仅仅因为他们是 4 岁的孩子吗？

如果一个儿童或一组儿童能够持续对话一小段时间，那么可以逐渐延长对话的时间。挑战自己，探究并理解阻止儿童全身心投入对话的原因：他们真的对这个话题感兴趣或这个话题与他们有关吗？你尽可能地减少环境中的干扰因素了吗？有些儿童会因使用英语而感到表达受限吗？是不是其他语言可以帮助他们更成功地表达想法？是不是有些儿童在亲身参与学习过程时更容易说出他们的想法，而不是在小组或集体学习时？不喜欢全班对话的儿童是不是更愿意参与到小组或同伴对话中？如果你使用一个具体的物品或道具作为记忆工具，是不是更能帮助儿童回忆经历或促进其进行对话？

建构你自己的理论认识与实践

在你所处的学习环境中，儿童最近的一次学习经历是什么？如果你想让孩子们重新回忆起这次经历，从而开启一次促进性对话，那么什么会是有效的记忆工具呢？

小　结

重视对话文化的环境充满了丰富的对话时刻。当你进入这种学习环境时，儿童的声音是核心焦点，而且往往很难找到教师，因为他通常置身于儿童之中，与儿童互动并倾听他们的想法。这样做并不意味着，与那些站在儿童面前直接教儿童的教师相比，你的角色不重要。事实上，对儿童思考感兴趣的教师角色更复杂、更有挑战性，因为你总有一些新的策略和技能需要学习、发展，你必须有意识地倾听儿童的语言，深入思考你的教学，不断学习教学艺术。

本章探讨的对话策略将帮你开始或者继续改进和丰富你的教学历程。你需要做的第一件事是停下来。教师每天都很忙碌，支持儿童学习是一项需要大量体力、情感和智力的工作。教师需要学习先停下来，跳出“忙碌”的状态，反思并确定下一个前进目标。停下来！现在就反思进行促进性对话的方式，反思你近距离倾听儿童的方式；意识到你提出的问题，给儿童思考的时间；更要意识到你可能在无意识中将儿童引入你的思考轨道，而不是让他们形成自己的想法。停下来！通过反思自身的倾听者角色，成为一位有意识的、教学技能娴熟的教师。

第五章

记录对话

我爱画画（小卿，5岁）

在交谈中，儿童的语言就像爱丽丝和伊索贝尔在院子里吹的肥皂泡一样，是转瞬即逝的。而把这些话记录下来，它们就变得更加具体、长久，我们就能够一遍遍地去“触摸”、回味它们。记录对话的过程，尤其是转录一次对话，可以让我们更清晰地明白儿童的想法。

《儿童的一百种语言》①（*The Hundred Languages of Children*）描述了瑞吉欧教师是如何记录儿童语言的。当我第一次阅读它时，我必须承认，我不能完全接受这种做法。对我而言，这似乎是一项极其繁重的工作。但我现在明白了，这个过程对于我们了解儿童语言背后的想法有很大的启示作用。

我常常忙于引导对话，忙于认真地倾听儿童的话语，但这些不足以让我真正理解儿童语言中所包含的深层内容。儿童的语言是丰富的，但我常常做出相同的解释或联系，我总是以一个教师的惯性思维方式与习惯来处理它们。而在记录下儿童的语言后，我能一次次地重复阅读这些内容，而每次阅读都能让我有新的发现或找到新的方式来解读儿童的语言。正如瑞吉欧教师所说，记录是一种“看得见的学习方式”（Rinaldi，2001，p.83）。记录儿童的语言使他们的想法变得更具体、直观，而且更容易理解。

这一章主要阐述了记录儿童对话的策略和方法。具体内容包括：

- 记录的内容；
- 记录的时间和地点；
- 记录的方法；
- 聚焦分析记录信息的方法。

---

① 该书中文版已由南京师范大学出版社于 2014 年出版。——译者注

记录的内容

在教学过程中记录儿童对话是一种挑战。对教师来说，记录教学环节中的每一次对话是不可能的，也是没有必要的。那样做的结果只能是花费大部分时间做记录，而没有时间和儿童进行交流。

因此，我们要做的不是记录一切对话，而是仔细选择所要记录的对话类型，以及保持自发性对话和促进性对话的平衡。你可以问自己一些问题以明确记录对话的目的。比如：你对跟踪某个小组关于某个话题的对话感兴趣吗？你是不是想花一年的时间记录某个小组里每个儿童的对话呢？

除了准备好迎接一些意外或记录下儿童令你吃惊的神奇时刻外，有目的地记录也是非常重要的，这将有助于你更好地理解自己班的孩子。下面是几点关于记录对话的建议。

- **选择一名儿童跟踪记录一周。**每天抽出一点时间近距离地倾听并记录下你所选择的那名儿童的对话。对话发生的地点是不固定的，今天可能发生在沙桌旁，明天可能发生在电脑桌旁，后天则可能发生在午餐桌旁。
- **跟踪记录一个小组。**选择跟踪记录一个正在围绕某个话题或概念进行对话的小组。这个小组可能由四个正在进行搭建活动的女孩组成，也可能由三个喜欢在班级自然角观看游动的小鱼的儿童组成，或者由两个每天玩医院游戏的儿童组成。当然，你也可以与其他儿童进行互动，但是你的主要目的是记录你追踪的这个小组的对话，之后你再与同事一起解读对话记录。关于记录的次数，依你的情况而定，每两天记录一次或每周记录一次都是现实可行的。
- **每周记录两次或三次对话。**一些教师喜欢制定一个记录对话的日程表。一旦在某次对话中发现有趣的事，你很可能在某个学习区做跟踪记录或跟踪记录某个儿童。

- **一段时间内跟踪记录一种对话类型**。在一段时间内，你会对某种对话类型感兴趣——可能是小组对话或你与儿童之间的一对一对话，也可能是儿童之间的自发性对话或促进性对话。你可以根据自己感兴趣的对话类型，记录几个例子，以便你能够更清楚地了解自己是否和小组中的每个儿童都进行了交流。

记录的时间和地点

计划记录对话的时间和地点能帮助你控制工作量，你可以选择一天中的某个时刻（时间）或学习环境中的某个区域（地点）记录对话。例如：

- 在绘画桌旁；
- 在科学发现桌旁；
- 当儿童在积木区搭积木的时候；
- 当你在晨会中让儿童猜你带来的一个神秘物体的用途和目的的时候；
- 用餐时间；
- 教师为儿童朗读后的时间。

记录的方法

形成自己的记录程序、方法和策略是有用的。记录越简单直接，越易坚持，使用起来越方便。许多教师用“记录档案袋”和“记录检核表”组织自己的教学，但就个人而言，我很难运用这种方法。接下来我将阐述以下记录对话的方法：

- ¤ 文字记录；
- ¤ 录音或录像；
- ¤ 转录。

文字记录

用文字记录儿童的语言是最易掌握的记录方法，但也许是最难坚持的。形成一种新习惯需要决心和行动。如果你有坚定的信念，那么你更容易成功。决定选用何种记录方法很容易，但可能需要试验不同的方法才能找到最适合自己的。一些教师把便签或即时贴、铅笔或钢笔放在教室的不同位置，一听到有趣的谈话就记录下来；一些教师把写字板和笔放在触手可及的地方；一些教师用一个笔记本速记他们观察到的或听到的对话；另外一些教师索性在脖子上挂一支笔，在工作围裙兜里放一个笔记本，准备随时记录。

文字记录是记录自发性对话的好方法。在这种从旁“偷听”式的对话中，你不需要关注如何促成儿童的对话或思考下一步提什么问题，你有更多的时间和精力记录儿童的语言，这也使你能够观察到在没有成人参与和干预的情况下儿童之间的关系和互动状况。

以下是有关文字记录的技巧。

- ¤ **准确记下儿童的话。**尊重儿童的原话，不要试图纠正其语法或词语结构中的不当之处。

- **记录对话发生的日期。**记录对话发生的时间是非常有意义的，可为你以后的解读提供参考。
- **记录当时在场的每一个儿童的名字。**确保记录每次对话、事件或游戏中每一个儿童的名字，甚至包括没有说话的儿童的名字，因为不发言的儿童也是事件的组成部分。
- **简短记录对话发生的情境。**即使只是一个词，也将帮助你和读者在一个有意义的环境中理解对话。
- **无须记录全部对话。**一个有趣的短语、儿童提出的一个问题或他们之间简短的交流互动，都可能让你深入洞察儿童的思维、想法和语言的运用情况。
- **在团队教学中，教师分工合作。**比如，一位教师组织对话，另一位教师负责记录。这种方法对全班对话比较有效。如有可能，在你组织、推动儿童对话的过程中，邀请一名家长志愿者在一旁做记录，这也可以增强家长的参与度。

建构你自己的理论认识与实践

当你决定追踪记录一名儿童或一个小组时，准备一个便签本和一支铅笔，一边听一边记下儿童的语言。记录的时候不用太在意记录的内容是否有意义，这些内容可能会揭示儿童的某些潜能，也可能不会。你只需要把它当作你练习边听边记录的能力的机会。不要忘记记下对话发生的日期和情境（如“在积木区”“画花朵”）。

录音或录像

与文字记录相比，用录音机或录像机录制对话可以使你有更多的时间去关注儿童的想法和他们的对话。没有记录的压力，你能放松地投入儿童对话的过程，全身心地关注儿童的想法。这使得录像或录音成为记录促进性对话的理想工具。内德（一个 3 岁幼儿班的教师）说："我逐渐意识到我过去更多地关注的是我所记录的东西，而不是儿童的语言。当我阅读记录下的文字时，我觉得里面没什么有用的东西。我做记录只是因为我不得不记，而不是为了有目的地记录。因此，现在我想放弃纸笔记录的方法，改用录音机录下对话，之后再去听。这种方法让我更多地将注意力集中在儿童和我提出的问题上。"

对话录音可供以后转录或回放给成人和儿童听。对于儿童来说，重温他们的学习经历是非常有价值的。播放对话录音不仅使儿童在听到自己的声音时感到高兴，同时也给他们提供了一次回忆经历、再次思考的机会。

最初给儿童播放对话录音时，他们只会咯咯笑，只能注意到是谁在说话，对此你不要感到惊讶。其实，许多成人第一次在录像上看到自己或第一次听到录音中自己的声音时，也是这个样子。因此，不要因为儿童不仔细听而生气或者感到焦虑。多放几次录音，儿童在习惯了自己的声音之后，就会仔细倾听对话中的语言和观点。最不理想的情况是，你觉得奇怪或尴尬而停止给他们播放这些录音。如果你停止了，孩子们将无法从容应对这种体验。

用录像机或录音机录制一次完整的对话，也为你提供了解读肢体语言、声调或面部表情的机会，而这可能在文字记录中无法实现。现在市场上有很多种小型录音机，它们在录音时不易被人注意到。许多相对便宜的小型数码相机也能进行 10 分钟左右的录像。同时，你可以在教室的角落里架起录像机，这样你就可以自由地在教室的任何区域参与、促进儿童的对话。

例如，斯泰茜，一个 3 岁幼儿班的教师，用录像机记录了本班几名儿童持续几天玩黏土的情景。随后，她在回放录像的时候注意到儿童在制作和谈论能飞的东西——飞机、蝴蝶、火箭。视频中的信息为斯泰茜提供了与一小群孩子一起研究飞行器的起点。

建构你自己的理论认识与实践

选择一次你希望能启发孩子们思维的促进性对话，用录音机或录像机录制这次对话。当天晚些时候重温这次对话，你的第一感觉和反应是什么？谈话的语气怎么样？你认为达到你预设的目的了吗？

转录

如果所选择的方法恰到好处，教师只需花很少的时间和精力记录对话，但需要花很多的时间和精力转录对话，以便能深入地解读这些内容。不过，要记住，转录每一次对话既不现实也没必要。

例如，当我们探究儿童玩黏土时的思维和想法时，戴夫、佩姬和我一遍遍地观看儿童活动的录像。我们没有转录儿童的语言，但是我们每看一遍都能发现新的关于儿童学习的内容。每看一段录像，我们都能产生新的想法，提出新的疑问，发现新的奇迹。尽管一份文字记录（记录或转录）能够揭示我们在视频中没有注意到的有关孩子思维的其他方面，但即使没有文字记录，反复观看视频对我们来说也是一次有意义的教学对话。

你也可以转录对话的一部分。一个 15 分钟的小组对话或游戏可能只有三四分钟的内容值得转录。比如，罗斯和贾森用录像机记录了儿童的区角游戏，以及游戏过程中罗斯和儿童之间的交往互动。在随后的讨论会上，他们重新看了这段 20 分钟的录像，决定只讨论其中的两段录像，并对其进行剪辑。他们看这些剪辑过的录像片段，把转录内容集中在儿童独立解决问题的过程上，然后他们发现了在成人不提供解决方法的情况下，教师提哪些问题才能最有效地培养儿童的问题解决能力。

以下是有关转录对话的几个小技巧。

- **请求家长和其他志愿者帮助转录**。由于双职工家长不能参与儿童的日常在园活动，因此只要有时间，他们通常都非常有兴趣以其他方式弥补缺憾。幼儿教师盖尔在录制促进性对话时明确说出每一个儿童的名字，这样家长在转录时就知道每一个声音对应的是谁。给每份文件附一张照片也能帮助家长志愿者辨认相关的儿童。
- **让转录稿更易阅读**。用双倍行距，在每个新段落的开头设置缩进格式。也可以将文字输入表格中，然后隐藏表格线。尝试不同的字体和字号，以找到最适合你的样式。
- **尽快转录**。转录能帮助记忆，是一种有效的记忆辅助工具。如果不能尽快转录，那么你可以拍摄一张照片。它既能呈现对话发生的情境，又有助于你辨认对话中的儿童，进而回忆起那段经历。
- **添加肢体语言和语调信息，使语言更生动**。在转录儿童对话的时候，请随文括注他们的肢体语言和说话的语调（如身体向前倾或使用生气的语调）。
- **附一张活动的照片或草图**。例如，孩子们正在讨论的积木搭建作品的草图（见表 5.1），或他们在参观餐厅时讨论意大利面制作机的照片，可以为读者或解读者补充缺失的信息。

表 5.1　教师的观察记录

<table>
<tr><td>日期：2006.3.12</td><td rowspan="2">儿童：丹尼尔、埃蒙
托马斯——后来加入，独自搭建</td></tr>
<tr><td>观察者：莉萨</td></tr>
<tr><td colspan="2">情境：自由活动时间
积木区</td></tr>
<tr><td>1. 丹尼尔和埃蒙刚开始独自活动，后来一起活动，搭建他们的塔。
2. 丹尼尔："建一座有眼睛的塔吧。"他并排搭了对称的两座高塔。

3. 埃蒙建议将丹尼尔的两座塔和他的建筑拼在一起。
他建了一条路，可以从他的建筑通到两座塔。

4. 接着他们在两座长"眼睛"的塔前搭建了另一座小塔。
5. 他们在小塔上加了一根红带子，作为塔的"嘴巴"和"电梯"。
</td><td>教师反思：
为什么塔有"眼睛"？
对丹尼尔来说，他建了一座塔还是两座塔？
埃蒙连接两个建筑的策略把两个人的游戏联结了起来。</td></tr>
</table>

注：草图有助于教师充分捕捉儿童的学习情况。

聚焦分析记录信息的方法

以上建议能够教会你如何记录对话，而本书前几章的内容能够教会你在教学情境中抽出时间认真地、有目的地倾听儿童的对话，以及练习做一个先听后说的教师。现在你可以以这种小步递进的方式记录儿童的对话，逐渐积累自己的成功经验。

一旦开始之后，你将发现自己渴望更深入地探究儿童迷人的思维世界。想象一下，这个过程就像使用放大镜：你已经领略了广阔的视野，你已经适应了这种方式，而现在你想拉近镜头以聚焦一个特定领域，从而实现进一步探究。

在记录儿童对话之前，先思考一下你想记录的内容，这样就能聚焦某一研究领域或兴趣点。这样的思考能引发你关于儿童学习的一系列问题：在这个区域，你对哪些问题好奇？你对哪组儿童好奇？你想知道什么？比如，在记录儿童绘画时的对话之前，你的问题可能包括：

- 儿童的对话是如何影响他们画画的？他们是否从谈话主题中获得了灵感？
- 孩子们会互相谈论他们在画什么，还是会谈论不相关的话题？
- 孩子们是否讨论了绘画的方法——也就是说，他们是否讨论了如何绘画，而不仅仅是他们在画什么？
- 我创设的环境能促进和鼓励孩子们互相交流吗？

和老师分享自己画的画（梵梵，5岁）

对上述问题进行思考有助于你深入挖掘并理解儿童的对话内容和学习方式。注意，你思考的问题应该是动态变化的——在几周或几个月后，你在绘画桌旁考虑的问题可能与上面的问题大不相同。

这个过程能够帮助你明确自己的思考方向和记录目标，决定记录的内容和舍弃的内容，以及记录的最佳方法。

我们继续以画画为例进行讲解。你已确定记录对话的地点（绘画桌旁），接着你决定倾听儿童的自发性对话，这意味着你将不再推动或参与儿童的对话。最后，你决定用文字记录的方式来记录这次对话。这很容易实现，因为你不需要进行促进性对话，所以当你看到孩子们一起在绘画桌旁时，你就可以迅速拿起自己的笔记本或夹板进行记录。

把笔记本放在绘画桌旁，这样当孩子们准备好时你就能开始记录。通过最初的几次记录，你就能知道采用这种方法来记录绘画桌旁的对话是否可行。如果你发现自己难以使用这种方法，你可以改变计划，使用小型录音机进行录音。在实际操作中，当你发现自己的注意力被其他儿童分散，不能全身心地关注绘画桌旁儿童的对话时，你可以用录音机录制对话。在这种情况下，录制对话并在稍后听录音可以减轻你的压力。

最初的几段文字记录也为你提供了一些基本信息。最初，你可能记下了你所听到的和看到的每一件事。这样做可以让你了解儿童的对话所涉及的话题，回答你记录对话之前产生的一些疑问，同时也可能促使你形成新的问题。然而，你也可能会发现你想要进一步聚焦，只记录孩子们谈论绘画方法的对话。通过聚焦来确定需要仔细研究的内容，你会非常清楚将要记录什么和不记录什么。当然，你会仔细倾听完整的对话，但为了深入了解孩子们的某些思考，你只会记录你最感兴趣的讨论。

建构你自己的理论认识与实践

选择你感兴趣的一个活动区、一个儿童或一组儿童，把你想问的问题列成一个清单，以指导你的决策过程。

- 你要记录自发性对话还是促进性对话？
- 哪种工具或方法最适合这种教育情境和记录目的？你可以直

接记录文字，还是你需要录音以便你能自由地进行促进性对话？

- 你将倾听和记录对话中的哪些细节？你需要记录你与儿童的交流互动吗？你需要全程记录对话，还是仅仅记录儿童对话中关于“他们在做什么”的那部分内容？
- 制订一个计划并采取行动。记住计划要有弹性，并根据从儿童那里获得的新信息来随时调整这个计划。

小　结

有一点非常关键：并不是所有的对话都值得记录，并不是所有记录的对话都能揭示关于儿童思维的惊人理论。一些对话纯粹是娱乐性的，甚至是令人发笑的。当然，这些对话也可能让你深入洞察儿童，但并不总是这样。当教师开始重视并运用这些记录儿童语言的方法时，他们有时候会感到非常沮丧，因为他们没有听到自己理想中的那种对话。之所以会出现这种情况，有时候是因为教师解读对话的技能正在发展，或者儿童对对话的主题不感兴趣，有时候是因为对话主题与儿童的先前经验没有联系。实际上，儿童还在学习如何适应这种重视他们的讨论和想法的学习环境，因此对话文化的形成需要时间。

但有时教师的期望值太高了。还没有认真倾听，他们已经期待得到儿童的某种特定回应和想法。教师之所以有如此高的期望是因为他们认为儿童是非常聪明、爱探究、有能力的，但如果你希望每一次对话都有价值，那是不现实的。

记住，你在书中（包括在本书中）读到的对话都是为了讲述一个故事或强调某些学习内容而被挑选出来的。还有许多对话没有被包含在书中，因为它们并没有很好地展示儿童的思考过程。同样，并不是每一分每一秒的对话都值得深究和反思。在一次 10 分钟的对话中，可能值得转录的对话不足 2 分钟。有时，从孩子那里听到的一句话或一个短语就很有意义，它可能是我们从更长的对话中摘录出来的，也可能是我们在孩子专注于绘画、读书或在游戏场上玩耍时无意中听到的。教师在这些时刻要保持警觉，通过对孩子们真正的兴趣的敏锐察觉，将对话记录下来以供进一步研究。

第六章

解读对话

我的老师（梓腾，5 岁）

在创建了促进儿童对话的情境，学习了推动儿童对话的策略以及了解了记录儿童对话的方法之后，你需要思考如何解读儿童的对话。一份对话记录蕴含着无限的可能性，等待我们去挖掘。它能告诉你：孩子们对这个世界有哪些新的看法？孩子们是否以有趣或出乎意料的方式联结新旧经验？他们的言语是否传达出对某些概念或想法的困惑（或误解）？

本章将帮助你解读你所记录的对话：

- 发现对话中的意义；
- 与同事、家长合作；
- 解读儿童的话语；
- 解读教师的角色。

发现对话中的意义

发现对话中的意义的方法有很多种，关键是要以开放的态度、不同的方式来理解儿童的话语，而且这种理解是整体的而非独立的。只有这样，你才能给予儿童的观点应有的尊重和关注。

当教师解读对话时，他们只是试图揭示说话者的意图，寻求理解并形成假设。在解读对话时，你对儿童和教师话语的理解必须始终保持开放，以接受更多的可能性，而不是只固定在一个解释上。你理解对话的方式只是理解它的一种可能方式。这种理解也可以随着时间的推移和你的反思而改变，也许今天的想法明天就变了。

对话是互相联系的：说话者互相交流，他们的思维也互相碰撞和联系。因此，重要的是不要过多地打断对话，而是将其视为一个整体，在这个整体中，单个的词语、短语和互动可以为不同的听众（和读者）带来不同的含义。因为有效的学习活动通常是一种社会活动，所以每一个说话者都不应该被孤立地看待。与此同时，我们有必要探寻和理解他们的互动如何支持彼此的成长和学习。

与同事、家长合作

虽然你会从解读儿童的对话中获得有趣的见解，但通过与他人一起解读，你会获得更多信息。在与他人讨论的时候，他们的观点能丰富或挑战你自己的观点。如果别人理解或解读儿童话语的方式与你不同，这将拓展你的想法，改变你惯常的思路；如果你们的观点是相似的，这对你的学习来说也大有裨益，因为这既能帮助你巩固原有的知识和理解，又能帮助你建立先前经验和新经验的联系。因此，在与同事或孩子的家长一起解读对话的过程中，你能更多地了解孩子，了解他们的学习以及你自己的教学情况。

为了说明这一点，让我们来看看一个体现合作交流的例子（见表 6.1）。参与者包括三位教师与一组三四岁的儿童。

表 6.1　教师的对话解读

日期：2005.3.28	**记录者：**玛丽拉
情境：晨会活动。下雨天，孩子们走路来幼儿园的时候都淋湿了。埃伦主持活动，玛丽拉负责记录。埃伦询问儿童一些关于雨的问题，下面是部分对话。	
解读者：埃伦、玛丽拉、莉萨	
埃伦：雨是什么呀？ **乔纳森：**雨是小水滴，落在头上是凉的。 **安迪：**雨是落在头上或雨伞上的大水滴。 **玛丽亚：**如果下雨了，你就需要一把雨伞。 **乔安娜：**雨不会落在头上，因为你戴着帽子。 **莫内斯：**如果下雨了，你就得用雨伞。雨会落到头上。 **本：**雨是水滴。	乔纳森所说的“凉”的意思是“冷”还是“有趣”？ 雨滴常常是大的吗？有大小之分吗？ 雨伞、帽子……所有儿童都使用过雨伞，还是这只是从成人那里得到的间接经验？ “雨滴落下”：从哪里落下来的？

（续表）

接下来可能会做的事情：
第二天，我们可能会解读儿童的对话，探索儿童对于“雨是从哪里来的”这个问题有什么样的认识。我们可以问问他们：怎么测量雨滴的大小？我们得到的答案可能是：用纸接住雨滴，然后进行测量。那么怎么用纸接住雨滴呢？ 通过引入雨伞这一具体的物品，我们能够更好地深化儿童的对话。我们可以问儿童：雨伞在下雨的时候起什么作用呢？我们如何使用雨伞？可以让儿童观察、使用不同的雨伞并把它们画下来，然后让他们设计自己想要的雨伞。我们还可以问问儿童：有不使用雨伞的吗？为什么？我们可以为他们制作一把雨伞吗？

注：摘自解读儿童对话的笔记。

第二天，埃伦老师基于前一天的对话，向一组儿童提问：雨是从哪里来的？

艾格尼丝：“从云和天空中来。”

吉米：“雨像水，从天空中来，像那些有趣的水珠。”

马克：“雨飞溅出来，太阳变成了月亮。”

下雨了（文文，5岁）

莫莉："雨从天空和雪中来。"

苏菲："雪融化变成雨，然后云就开始下雨了。"

杰基："从云中来。"

玛丽安："它们来自云里面。树上的鸟遮住了它们。刮风的时候，鸟不能飞。"

接下来，教师们开会一起解读了这段对话，在解读过程中，他们对儿童话语的含义有不同的理解视角。下面是教师们的教学对话，注意教师之间的不同意见。看看这些不同意见如何成为认知冲突的来源，以拓展他们最初对儿童话语的解释或假设。

埃伦："为什么吉米认为水珠是有趣的？"

伊恩："有趣？我不这样认为。他从哪里看出来水珠是有趣的？"

埃伦："也许他说的'有趣'更接近于'不寻常'或'引人注意'？"

伊恩："我试着在我的头脑中勾勒水珠的样子……但我觉得它并没有'不寻常'或'引人注意'。"

米歇尔："我想是因为我们在用成人的狭隘视角看水珠，而吉米认为水珠很有趣，是因为他看事物的视角比我们开放。我们已经忘记了如何以不同的方式看待事物，但孩子们一直在向我们展示如何做到这一点。"

埃伦："你是对的。我的确一直站在自己的角度解读'有趣'的含义，而忘记了应该从吉米的角度来看这个问题。不过，我仍然不明白——水珠怎么会有趣呢？"

伊恩："所以我们不得不从吉米那里寻找答案。我们该如何做呢？我们要和他再进行一次对话吗？"

米歇尔："或者我们可以让他把自己的想法画下来……给他读对话记录并问他'为什么你觉得那些水珠很有趣呢？'。我想知道他是如何把它们画出来的。”

伊恩：“但是马克说的‘太阳变成了月亮’是什么意思？听起来，他对太阳和月亮有一些奇怪的困惑。”

埃伦：“哦，我不那样认为。我觉得这正是他在用自己的方式告诉我们——晚上月亮会代替白天的太阳。”

伊恩：“哦，可能吧，但他还是被一些其他的事情困扰。你们还记得上周他说风是从树叶中吹来的吗？”

埃伦：“是的，我也一直在思考这个问题。我觉得困扰他的不是这些想法或概念的混淆。我想，这也许是因为他正在学习英语，而这是他目前用英语描述自己想法的最佳方式。在我们进一步与他探讨之前，我不认为我们应该急于得出‘他不理解风’的结论。否则，我们可能会因为英语是他的第二语言而做出错误的假设。”

伊恩：“我不太同意……但我明白你的意思。嗯……我们也让他画画怎么样？画画能帮我们更清楚地了解他的意思。”

米歇尔：“这很值得一试。但是，或许我们也需要鼓励他更多地参与对话，同时要深入挖掘他话语的含义。我认为，我们需要花更多的时间与他进行一对一的交流。”

解读已转录对话的步骤

1. 记录了对话的教师为其他人提供一些背景信息，如参与对话的儿童的名字、对话发生的时间和地点、对话的主题、对话发起的目的以及对话发生的过程。

2. 所有成人安静地阅读已转录的对话，并将其作为一个整体来理解。

3. 每一个成人扮演一名儿童的角色，然后一起大声朗读对话。

4. 思考儿童话语背后隐藏的深层含义（请看后文的“解读已转录对话的建议”部分）。

5. 与你的同事分享你最初的想法。你注意到了什么？

6. 阅读，反复阅读！如果你认为儿童在谈话中表达了有趣或有思想的想法，花时间仔细阅读文字记录是很重要的。这些想法可能不会立即显现出来。

与同事合作

长期共事的同事会对儿童学习知识的过程或对话发生的情境有较为深入的了解。虽然并非所有的教师都参与了某次对话，但他们都曾与同一组儿童共处过，所以他们了解这些儿童（包括儿童之间的关系及其家庭背景和教育经历）。尽管每位教师在解读儿童对话的时候，都受自己独特的洞察力和先前知识经验的影响，但是，对早期学习环境的共同理解使大家紧密联系在一起。这使得你的同事成为你解读对话记录的理想伙伴。

在本书中，我们探索了为儿童的学习创造对话时刻的重要性，同时教师也可以从中受益。对教师来说，解读儿童对话以及为儿童制订学习计划的最有效途径是与同事进行教学对话。在支持教学对话的合作环境中，教师们彼此帮助，认真倾听儿童的话语，揭示儿童已有的图式，探寻拓展儿童思维的方法。

教学对话不是偶然发生的，教师之间需要时间、空间和机会进行交谈。时间，或者说缺少时间，常常是早期学习环境中教学对话无法开展的关键因素。因为教学是一项永远不会终结、需要持续投入的工作。但是，我们还必须从各种活动中抽出时间与同事谈论儿童的对话，只有这样才能通过儿童的对话实现教学相长。

要根据自身所处的教学环境来确定开展教学对话的时间和地点。为教学对话腾出时间将充分体现你对自己作为教师的学习权利的重视和尊重。在早期学习环境中，我们可以在以下几个时间段安排教学对话时间。

- **儿童午睡时间。**当儿童睡着后，教师可以坐在一起互相交谈。
- **每周工作会议时间。**会议要聚焦教师的专业发展，而不是安排行政事务。
- **晚间会议。**在儿童离园后进行交谈。一般一周进行一次。
- **专门时间。**专门时间也叫作非教学时间，每周抽出一段专门的时间与同事分享儿童的对话。

为教师的合作安排时间不是一件容易的事情，但只要教师相信能从交谈和倾听中学到知识，进而提高儿童的学习水平，他们就会寻找有创意且巧妙的方法进行对话。如果能这样做，教师通常会发现，他们的工作因合作而变得更加轻松和愉快。

如果你独自面对一组儿童，或者你的同事对儿童的对话不感兴趣，那么组建一个开展教学对话的教师小组是不太可能的。因此，看看你周围是否有与你志同道合的教师，以便聚集起来和你一起进行讨论。一些教师发现，如果没有可以一对一合作的同事，那么组建网络小组和讨论群也是有用的。

与家长一起解读对话

尽管平时我们更多的是与同事合作解读儿童的对话，但是与家长一起解读儿童的对话也是一种极其独特和有意义的方式。家长常常比教师更了解儿童的经历，这能帮助你更好地理解儿童。在了解了家长的潜在贡献后，教师会重新解读自己与家长之间的关系。这可以提供新的理解儿童对话的可能性，也可以为教师和家长赋能。

有很多原因阻碍教师和家长建立有效的联系，例如，家长自身有消极的幼儿园学习经历，与教师存在沟通障碍，工作繁忙，关于学习的理念和观点与教师有所不同或者住得离幼儿园远等。但必须承认，教师和家长有一个共同关注的焦点——儿童。即使家长的教学观与教师不同，但是他们的出发点都是希望将最好的东西给予孩子。基于这种共同的认识，教师和家长应该发展真正的合作关系，解读儿童的对话就是连接彼此的桥梁。解读对话能使教师看到儿童的学习，也能使家长亲眼看到孩子的学习。

在家长会上，简（4 岁女孩伊齐的母亲）与南希老师见面。她们分享了许多关于伊齐的故事和反思，包括一张画着房子的画和背后的故事。伊齐曾说过“房子有奇怪的墙”。南希老师不明白为什么伊齐认为墙是奇怪的，伊齐也解释不清楚。而简读到女儿的话语时说：“哦，我知道那是什么，她在说我们夏天的房子。它有一个很大的玻璃滑动门，但是它看起来像一堵玻璃墙。去年伊齐对这个玻璃门很着迷。”南希立刻明白了伊齐的作品和话语，简关于伊齐生活经历的分享为南希解开了谜团。这个故事显示了教师与家长合作解读儿童话语的力量。有时候只有家长能够理解儿童的特定话语，教师应该打开心扉，像倾听儿童那样去耐心倾听家长，以便对儿童的生活有更多的了解。反过来，家长也可以更多地了解到儿童在园的学习、生活以及人际交往情况。与传统的由教师作为“专家”主导的单向沟通式家长会不同，解读儿童的对话可以使家园关系成为一种合作关系，以支持儿童的发展。

建构你自己的理论认识与实践

下次当你转录的对话中有涉及某一个儿童的内容时，你可以与其家长一起分享。在理想情况下，这应该在你的早期学习环境中发生，你和家长可以一起坐下来阅读你记录的文字。注意你的肢体语言，一定要和家长坐在一起，而不是分开坐或者坐在家长的前面。

你们正在形成一种平等的关系，而你并不是唯一的专家。为了让家长参与到对话的过程中，你可以发出这样的邀请——“这段对话很有意思。你认为本说的话是什么意思呢？”，而不是用你自己的理解来解释本的话。这种对话可能只持续几分钟，但也可以帮助家庭和幼儿园建立积极的关系。

解读儿童的话语

我们如何了解儿童对话中的意思？如何解读儿童的话语？下面的策略可能会帮助你理解孩子们之间的对话：

- 可视化；
- 质疑；
- 与先前知识和经验建立联系；
- 整合信息。

可视化

无论是倾听还是阅读，我们总是用自己原有的知识与经验来理解和建立个人意义上的心理意象。当我们倾听一段对话或阅读一段转录文字时，我们会自觉将内容转换为具体形象，这会帮助我们更好地理解话语中的意思。可视化帮助我们理解儿童的话语，尤其是当儿童所说的话很难被理解时，这个策略非常有用。你可能只从字面意思来理解儿童的话语，因为你知道每个词语的意思，它们不是无意义的词语。但是你需要付出更多的努力才能理解这些话语的整体含义或与话题的联系。通过脑海中构建儿童所描述的（看到的、听到的、感觉到的、闻到的，甚至想象中尝到的）事物的画面，你可以更好地理解儿童试图传达的内容。举个例子，让我们看看3岁孩子伊齐所说的话。

“为了爸爸和妈妈。和房子，在屋顶。门。它有四条线和一堵奇怪的墙。树。”

读到这段话时，我发现我需要在头脑中把伊齐所说的每样东西想象成一幅具象的画——关于房子、屋顶、门、墙和树，很快我就能清楚地知道伊齐在说什么。如果不这样做，我根本不知道伊齐在说什么。可视化帮助我们更充分地理解伊齐话语背后的想法。

建构你自己的理论认识与实践

尝试运用可视化策略解读4岁男孩丹尼尔所说的话，这段话与制作熔岩灯有关：

“实际上，油确实有效，但是不能一直用。油只是随着水一起上升。水把它推高了，非常神奇。当你摇动它时，水会旋转，气泡会旋转，然后它们再次上升，这有点像油泄漏，因为油实际上会从船上流出来进入大海，导致鲸鱼和企鹅死亡。水和油不能混合，所以当你这样做的时候，不能只相信自己的眼睛。”

下一次，当你发现自己不能理解儿童所说的话时，你可以尝试可视化儿童的话语，在头脑中形成具体画面。你看到了什么？试一试，看看这么做是否能够帮你理解儿童的话语。

质疑

看到儿童对话的转录文稿时，教师可以进行自我质疑或提问，但这些问题与提问儿童的问题是不同的。这种自我提问发生在你的脑海中，是教师听到或读到儿童的话语时问自己一些问题以澄清或者深入了解儿童想法的活动。有的问题可能是要提示你，你对儿童的话语还有不理解的地方（“等等，她这么说是什么意思？”）；有的问题可能是要提示你，要联系儿童的先前经验理解儿童的话语（“我想知道她之所以认为树需要更多的水，是否与她昨天帮园长浇花有关？”或“她之所以认为鱼不能看见东西是否与她自己在水下的时候不能睁开眼有关？”）；有的问题可能是要激起你探究的兴趣或好奇心（“多有趣啊，我想知道她对电到底了解多少？”或“我想知道她脑海中是否有关于大脑如何工作的画面？”）。

下面是纳塔莉描述她的玩具马时的转录对话，这个玩具马是她从宝物箱里找到的。括号里的问题是一组教师解读转录稿时提出来的。当教师阅读并反思记录时，他们想要更深入地理解它，因此使用提问策略来帮助他们实现这一目标。通过对纳塔莉的想法和话语提出问题，教师能够更发散地思考，并在记录中看到更多的隐含意义。他们的提问帮助他们更深入地倾听纳塔莉。

“我有一匹马。”（她说的是一匹真马还是一匹玩具马？）

“是爸爸给我的，爸爸的姓里有一个字母‘C’。他把马放在楼下。”（她爸爸的姓里有字母“C”吗？她说的“C”是指爸爸的姓还是爸爸姓中的最后一个字母？抑或是第一个字母？她关于姓名、字母或词的图式是什么？她所指的“楼下”是幼儿园的楼下还是家的楼下？我还是不确定它是一匹真马还是玩具马。）

“它的名字叫苏姬。”（马的名字？）

“它 1 岁了。”（她是指她一年前得到它，还是她知道马的实际年龄？或者是她自己认为的年龄？）

“它是一匹旋转木马上的马。”

“你知道它们是如何上上下下的吗？”（我们让纳塔莉画旋转木马。

我想知道在画中她是如何表现“上上下下”的。）

“一次，我和妈妈去中央公园。每个人都在旋转木马上玩，我也排队，选择了这匹马。”（当她们在中央公园玩时，她的妈妈给她买了一匹马？）

我在玩旋转木马（颖颖，5 岁）

“有音乐伴奏，发出‘哒哒哒’的声音，它跑得非常快，我不得不抓紧。”（她害怕吗？我想知道她是否能向我们展示她抓紧马时的样子，也许绘画或黏土更有助于她表现出这种状态？如果让她观察镜中自己的表情变化，她会改变对自身形象的认知吗？这段记忆如此深刻，是否因为她紧抓时产生了强烈的情绪？为什么对纳塔莉来说这次经历如此难忘？和妈妈去中央公园对她来说是一次不同寻常的经历吗？）

“妈妈也是这样告诉我的。”

与先前知识和经验建立联系

理解转录文本的另一个策略是联系儿童的先前知识和经验。当阅读转录对话时，你可以寻找与这些内容相关的儿童的先前知识和经验。

- 这些话或想法是否与这个孩子前几天的经历有联系？与他在幼儿园或家里的经历有关吗？
- 这些想法是否与这个孩子的学习特质、思维模式或沟通方式有关？
- 它们是否与孩子的家人或其他亲属有关？
- 孩子有可能把这些想法和之前的某个经历联系起来吗？也许你并不知道孩子有这样一个特定的经历或先前的知识，但这次和他交谈是否让你想要更多地了解他在幼儿园之外的经历？

¤ 这个孩子在思考的时候是否可能联想到他以前听到的话？这些话是他从成人还是其他儿童那里听到的？

¤ 孩子们的想法（无论这些想法是儿童自身话语中蕴含的还是在与他人的交流互动中产生的）互相关联吗？

记住，你并不是试图给孩子们的思维联结下定义、贴标签，但基于你对他先前经验的了解，考虑他可能正在建立的联结是有帮助的。要以一种开放的态度接受事物的各种可能性：多角度、多方面地思考、谈论和解读儿童当下的想法是否与先前知识和经验有关，而不是持有一种绝对的判断。

不同环境中的成人对儿童有不同的了解，与了解孩子的其他教师和成人交谈是有帮助的。他们对孩子的不同了解可能会带来对孩子不同侧面的认识和更深入的理解。这些人可能是看到儿童在操场上玩的教师或每周来园为小朋友讲故事的志愿者。或许请教上一学年教过这些儿童的教师是最有帮助的，他们能告诉你儿童的一些先前知识和经验。就像南希老师在和伊齐的妈妈交谈后更了解伊齐一样，承认并珍视其他成人对儿童的了解能够加深我们对儿童的理解。

在一天早上的集体活动中，5岁的贾森告诉同伴，他知道所有关于“作曲”的事情。教师记录了这次对话，但是她对贾森所说的“翻转”和“不是很好闻”不是很理解。她不记得贾森的哪位家人懂得音乐和作曲。大约一周后，在一天的午饭时间，与幼儿园园艺工人的一次偶然交谈使这位教师了解到贾森话语的意思。原来，贾森几乎每天都到园艺工人这里来，常常和园艺工人谈论幼儿园花园堆肥的事情。贾森所说的不是“composing”（作曲），而是“composting”（堆肥）！请敞开心扉，这样你就会惊讶于儿童的想法，惊讶于其他成人对儿童的了解，认识到这一点对于你更好地理解儿童是多么重要！

整合信息

有时直到对话结束或至少倾听一段时间后，你才会忽然顿悟，明白儿童话语的含义。因此，当仔细倾听一个儿童说话时，我们有时候需要搁置一下想要立即明白他的想法。因为只有在得到大量的信息后，我们才能将零散的信息整合成一个有意义的整体。这些大量的信息是在人们互相交流、彼此分享的过程中产生的。对于理解儿童的对话，整合信息是一个非常重要的策略。它教会你完整地理解儿童的对话，将儿童看作完整的人，并在社会学习环境中理解儿童的思考。如果不对对话信息进行整合，那么你很有可能以狭隘的观点看待儿童的图式和想法。

当重新阅读转录内容时，问问自己不同的部分是如何联系在一起的，这很有用。你可以采用可视化、提问和联系先前知识与经验的策略来整合你对转录内容的理解。让我们再次看看纳塔莉关于马的话语，当我们将零散的想法有机地整合到一起时，我们就能收获一个“顿悟”时刻。我在下文列出了我在理解她话语过程中的内心思考。它展示了我的理解如何在阅读过程中逐渐演变或形成，以及我如何将了解到的信息整合为一个有机整体。如果我过早地停止解读或没有对信息进行整合，那么我不可能准确地理解纳塔莉对于马的想法。

“我有一匹马。”（她说的是一匹真马还是玩具马？）

“是爸爸给我的，爸爸的姓里有一个字母‘C’。他把马放在楼下。”（她现在是说她爸爸吗？不，她还是在说马。）

“它的名字叫苏姬。它1岁了。”

“它是一匹旋转木马上的马。”（啊哈，它一定是一匹玩具马！我脑海中已经想象出它的样子了。）

“你知道它们是如何上上下下的吗？”（她确实知道一些关于旋转木马的事情，我觉得她可能曾在哪里见过旋转木马是上下移动的。）

“一次，我和妈妈去中央公园。”（哦，原来是指中央公园的旋转木马。）

“每个人都在旋转木马上玩，我也排队，选择了这匹马。有音乐伴奏，发出‘哒哒哒’的声音，它跑得非常快，我不得不抓紧。”

“妈妈也是这样告诉我的。”

整合对话信息：纳塔莉非常清楚地记得玩旋转木马的经历。她记得她不得不抓紧木马，这对她来说是一个重要的事件。玩具马代表了她在公园和妈妈玩旋转木马的经历。

解读已转录对话的建议

1. 想象儿童对话的场景，这将帮你了解是谁在说话。

2. 儿童想法的可视化。这能帮你明白他们正在想什么。

3. 注意自己的内在思考（元认知）。哪部分使你感到好奇或困惑？哪部分吸引你，让你重新阅读？为什么？

4. 探究儿童的想法。假设他们可能在想什么，对什么感到好奇，为什么感到困惑。

5. 建立联系。对话中的每一个想法都互相联系吗？与先前的经验有何联系？与你对这些儿童的了解有联系吗？

6. 整合对话为一个整体。阅读完后，你了解对话的意思了吗？儿童主要想表达什么意思？

7. 倾听同事的想法和意见。他们的想法和你的想法有什么不同之处？他们能为你提供另一种理解儿童学习的方式吗？

思考话语

上述策略对于我们解读儿童的对话、深入了解儿童话语背后的含义是非常有帮助的，但它们不是理解对话的唯一方式。你可能会发现，有一两个策略对你帮助最大，你会持续使用它们。或者你可能会聚焦于一两个策略，以便深入理解特定的对话。例如，你决定与同事合作解读一段转录的对话，这时，你可以采用自我提问的策略，尽可能多地提出问题来帮助理解，这也为日后的探究提供了足够的洞察力和可能性。对于一个较难理解的对话，你可以使用可视化策略，在脑海中构建相关的心理图像，以揭示儿童话语中的含义。

还有一些对话展现了某些儿童别出心裁的话语和独特的表达方式。对于这些话语和表达方式，我们成人往往不需要深入地理解，只需要注意其中蕴含的语言艺术或特别之处即可。

- 语言中是否使用了比喻、类比等修辞手法或诗意性语言？
  - “我的头像一个气球。”（爱丽丝，4岁）
  - “灯在跳舞。”（尼古拉斯，6岁）
  - “影子整天和我们玩游戏。”（乔纳，4岁）
- 语言中是否出现了独特的观点？
  - “为什么鱼在水里看不见鱼钩？”（尼古拉斯，6岁）
  - “电梯怎样知道该什么时候停止？”（伊森，4岁）
- 语言是否有幽默感？
  - “你不能带狗去学校，傻莉萨！”（爱丽丝，4岁）
  - “你没有画内裤，老师穿着内裤！”（查理，7岁）
- 语言或语调是否显示出敬畏或疑惑，提供新的探索可能性？

玛丽：“天啊！蝴蝶！”

梅利娜、埃拉、马蒂：“是的！是的！是的！”

埃拉：“鼓掌！”

所有人：（鼓掌和喊叫声）“是的！好哇，好哇！”

埃拉：“我们必须告诉埃伦！她的电话号码是多少？我不知道！”

克丽丝蒂：“我不知道这里为什么会有蝴蝶！”

埃拉：“哦，看那些美丽的蝴蝶！嗨，太棒了！”

玛丽：“太漂亮了！”

马蒂：“我很高兴！它在飞吗？”

建构你自己的理论认识与实践

在你的学习环境中，试着转录一次儿童的对话（无论长短）。事实上，先从简短的转录开始比较好。和同事坐在一起，使用本章所介绍的解读对话的策略，如可视化、质疑、与先前知识和经验建立联系以及整合信息等策略。你从儿童的对话中发现了什么？

解读教师的角色

时不时地反思一下自己在促进性对话中所承担的角色是非常重要的。其中用录音机或录像机记录下自己与儿童的互动对话，是一个有效的方法。根据对话记录，你可以提出以下问题并进行反思：

- 我问了哪类问题？
- 我是否应用了其他一些策略，如总结和重复？
- 这些问题是否能够启发儿童的思考？
- 有些问题会限制儿童的思维吗？

提出问题并进行反思会让教师产生一些恐惧，因为它挑战了教师的权威。有时候教师相信他们一直在做“正确的”事情，他们认为自己是“专家”，知道该如何做每一件事。实际上，这是不可能的。认为教学永远不需要改进是一种不健康的想法。因此，今天的教师必须转变固有的观念，必须不断学习和提升教学技能，以使自己成长为一名真正的“专家”。

通过采取下面的步骤，你将会有信心面对挑战。

¤ **先解读自己的角色。**先解读自己在对话中的角色会让你更有信心。大部分教师对自己的角色解读是非常严格的，因此，先进行自我角色解读，然后展示给同事，这会让你感到更有信心。

¤ **针对问题，而不是针对提问者。**只是解读和评论客观的问题，而不是针对具体的提问者。问题要客观，而且问题不应让人感到受伤或自尊心受损。

¤ **注重师幼间的交流，而不是你自己的话语。**确保你理解儿童所说的话，而不是仅仅关注自己的话语。师幼间的对话应该是动态的、互相联系的，因此个人解读时也要互相联系，避免孤立。要记住的关键一点是，我们要关注是什么促成了我们的对话，而不但仅仅关注儿童对你提出的问题的回应。

¤ **逐渐引导同事一起解读。**通过轮值制度分担责任，每位教师轮流带领一次对话，共同进行解读。

让我们一起看看罗斯老师（小班教师）的例子。她想更清楚地了解自己在支持儿童的区角学习中所扮演的角色，于是她邀请我一起解读她拍摄的视频。解读时，我们聚焦的是问题本身，而不是罗斯个人或某一位教师的话语，这就使得解读变得比较客观，同时减轻了教师的心理压力。在解读过程中，我们提出这样的问题——“支持儿童解决问题、诱发儿童思考、鼓励儿童参与游戏活动的有效方式（包括提问）是什么？”，而不是问“罗斯做的哪些事情是有用的（或没用的）？”。

罗斯被邀请分享她的反思：她注意到的哪些问题能够支持儿童遵循他们的计划行事，而不是由教师接管？教师往往是对自己最严厉的批评者，因此从罗斯自己的反思开始，缓解了她解读自己教学实践时的尴尬。下一次，可能会轮到另一位教师带来包含自身角色的转录文本，以供大家一起解读。

建构你自己的理论认识与实践

在某一天晚上或周末，一个人在家观察或倾听对话记录，慢慢习惯从另外一个视角去审视和倾听自己，然后与同事分享对话记录，告诉他们你希望他们多向你提意见，你希望自己在与儿童的促进性对话中做得更好。

创建一个安全、可信赖的环境的有效方法是使用可预测的流程。我们在第三章中讨论了一日生活安排的一致性和可预测性对儿童的重要性——教师在探索新的教学领域时也能从可预测的流程中受益。当你与同事交流时，尝试使用下文中建议的流程来解读教师的角色。这将为你提供可遵循的可预测步骤，并为你在促进性对话中解读自己的角色创设一个安全的环境。

解读教师角色的流程

1. 如果可能的话，与他人一起阅读整个转录内容。

2. 成人分别扮演对话中的儿童和教师，大声朗读，确保整体地理解对话。当理解出现障碍时，可以使用可视化、质疑、与先前知识和经验建立联系等策略。

3. 重视教师间的互动。为了便于参考，请编号。

4. 将附录 A 中的表格作为指南，引导教师反复阅读转录内容，合作协商互动的目的。请转录对话涉及的教师谈谈他在那次互动时的想法或想要实现的目的。你可能需要在表格中加入新的部分。

5. 根据互动的目的，在表格中写下数字编号和教师的话语。对于一些互动，可能有多个目的或来自团队成员的不同视角。这时你可能需要记录更多的互动内容。

6. 寻找模式。为了某些目的，你做了更多的互动记录吗？哪些互动看上去实现了目的？哪些互动是无效的？一些互动阻碍了儿童的思考，或者引导他们迎合成人的想法吗？有不同的或更有效的提问方式吗？

7. 总结解读过程。你从解读师幼互动中学到了什么？这将如何影响你引导促进性对话的方式？

解读教师角色：一个例子

一天，我在幼儿园里和一组儿童进行了一次促进性对话。我对他们的思维方式很感兴趣，并且想尽可能多地了解他们的图式。于是我录制了我和他们的对话，这样我就可以专心地推进对话而不是忙于写下儿童的话语。这段记录也使我明白哪些话语和问题能最有效地引发儿童的思考。下面是这次对话的转录，随后的表格（见表 6.2）呈现了我（莉萨）与两位教师（道恩、瓦妮萨）共同对对话的解读。

乔迪、利奥、波莉（5 岁）和莉萨（教师）

2007 年 3 月 26 日　星期一

莉萨："当你这么想的时候，会发生什么？（1）"

利奥："你会产生很多猜测。"

莉萨："哦……还有呢？（2）"

利奥："当你思考的时候，你会了解一些事情。"

莉萨："真的？（3）（等待）哪些事情？（4）"

利奥："当你思考的时候，你能告诉老师一些正确的事情。"

乔迪："我们学习到一些新的东西，如果我们认真听老师讲话，我们就会学到好的事情。"

莉萨："那么，当你这么想的时候，会发生什么呢？（5）"

乔迪："我喜欢这部分。我不喜欢那部分。"

莉萨："哦，这就是你正在思考的事情吗？（6）"

波莉："这让我想起了……这部分很有趣。"

乔迪："我想知道为什么。"

波莉："你忘记了一张……扎拉的照片。"（指着书告诉我扎拉思考时的表情）

莉萨："哦，这就是你读书时思考的事情吗？（7）"（等待儿童确认这个理解）

莉萨："那么……你用身体的哪个部分思考呢？（8）"

波莉："大脑。"

莉萨："你的大脑？大脑在哪里？（9）"

波莉："在脑袋里。"

莉萨：（等待）"你认为大脑是什么样子的？（10）"

利奥："现在我正在思考！"

莉萨："现在你正在思考你脑袋里的大脑是什么样子的？哇！（11）"

（利奥点头笑）

乔迪："我也在思考，当你有大脑，你……（不确定）如果你没有骨头，你不能做事情，但是如果你有骨头，你就能做事情。"

莉萨：（等待）"那么，波莉，你认为呢？（12）你说大脑在脑袋里。（13）你认为它是什么样子的？（14）"

波莉："粉红色，深粉红色。"

利奥："我觉得它像一根线，像这样的一个圈。"（演示给我看）

莉萨："那么，当你思考的时候，你的大脑发生了什么？你认为你的大脑有什么用？（15）"

乔迪："大脑知道如何教我们。"

莉萨："那么，它是如何做的呢？（16）（利奥举手）大脑有什么用，利奥？（17）”

利奥：“我们的大脑，它学习一些新的东西，它告诉我们一些我们不知道的事情。”

波莉：“当我们思考的时候，它就来到我们身边，我们就知道了。”

莉萨：“多有趣呀！（18）如果你有一张纸和一支记号笔，你能画出大脑正在做什么吗？（19）”（儿童去拿材料）

波莉：“大脑能帮你到任何地方。”

乔迪：“大脑和我们说话，大脑帮助我们。”

莉萨：“大脑如何对你说话？（20）”

乔迪：“但它在里面吗？它真的需要大声叫喊，这样它才能听到我们。”

莉萨：“哦，所以大脑必须大声呼叫，我们才能听到大脑的声音？你是这个意思吗？（21）”

（乔迪点头）

利奥：“不，不。它来到我们的脑袋里面，我们就可以和它说话了。”

乔迪：（画画）“我在画脸。”

利奥：“大脑没有脸。”

乔迪：“那是我的（休假？）我在（休假）……我是一个人，因为我不在这儿。”

利奥：“那是一个圈……是大脑的样子。”

乔迪：“他正在思考，他正在帮助我。大脑在我的头脑里，我要画我的头。”

利奥：“现在我将给大脑贴上标签。”

乔迪：“那是我和我脑袋里面的大脑。”

莉萨：“在那张画里，你在想什么呢？（22）”

乔迪：“我在思考，大脑听到我的声音，大脑说‘如果你说魔法咒语，我将帮你。你必须先说出魔法咒语’。”

波莉：“大脑正在对我说话。”

莉萨："大脑说什么了？（23）"

波莉："告诉你的妈妈、爸爸和兄弟姐妹……说我爱你。"

利奥：（阅读他的标签）"大脑帮你思考。"

表 6.2　教师的促进性对话

日期：2007.3.26	**参与者**：乔迪、利奥、波莉和莉萨（教师）
情境：	
促进性对话：	
支持儿童参与游戏、学习或对话活动	那么，波莉，你认为呢？（12） 大脑有什么用，利奥？（17）
支持儿童解决问题	
阐明教师对儿童想法或思考的理解	哦，这就是你读书时思考的事情吗？（7） 哦，所以大脑必须大声呼叫，我们才能听到大脑的声音？你是这个意思吗？（21）
肯定或鼓励儿童的努力 / 思考 / 工作	真的？（3） 现在你正在思考你脑袋里的大脑是什么样子的？哇！（11）
大声思考（示范提问）	
展示你的好奇心	声调 肢体语言：身体向前倾，靠向儿童，与说话的儿童进行眼神交流 多有趣呀！（18）
拓展儿童的思维（设置挑战或刺激物）	你用身体的哪个部分思考呢？（8） 你认为大脑是什么样子的？（10） 如果你有一张纸和一支记号笔，你能画出大脑正在做什么吗？（19）
寻找即时信息（例如复述、描述或者给他们的绘画和搭建作品做标记）	还有呢？（2） 在那张画里，你在想什么呢？（22）

（续表）

深入挖掘儿童的想法	哪些事情？（4） 你的大脑？大脑在哪里？（9） 那么，当你思考的时候，你的大脑发生了什么？你认为你的大脑有什么用？（15） 那么，它是如何做的呢？（16）
联系儿童先前的经验或记忆	你说大脑在脑袋里。（13）
向儿童传授成人解决问题的方法	
向儿童灌输成人的想法	哦，所以大脑必须大声呼叫，我们才能听到大脑的声音？你是这个意思吗？（21） 在我试图澄清时，这是否可能导致乔迪更倾向于采纳我的观点，而不是遵循他自己的想法？
引导对话回到主题	当你这么想的时候，会发生什么呢？（5） 你认为它是什么样子的？（14）
其他	

注：通过这个表格，我们能够看到不同类型的师幼互动。

我的大脑（晓旸，5岁）

教师互动的总结

在我们的解读过程中，道恩、瓦妮萨和我判定，总的来说，大多数的教师互动都达到了目的，并支持孩子们分享他们的想法。我注意到一个问题：以前我在这个班级讲过文学课程，因此，依据先前的经验，我把乔迪的话语与思考、谈论读书（7）的策略联系起来。这些先前的经验让我理解了乔迪与我交流的内容。起初我并不明白他的意思、思路，甚至在想：他说的和我的问题有关吗？我想，我需要进一步仔细倾听，而不是马上得出结论，最终我发现了新旧知识经验之间的联系。这个例子既表明了乔迪是根据他已有的图式说出“思考”这个词的，也表明了我对他的理解。

道恩、瓦妮萨注意到我给乔迪思考的时间和机会，让他阐释自己的想法。但是我们想知道，当我试图澄清自己对乔迪话语的理解时（21），我是不是无意间引导他遵循我的思路。重要的是，我要谨慎地意识到这一点，同时监控我的互动是否倾向于这种模式。道恩、瓦妮萨和我还讨论了在与儿童对话的时候，推测出其话语中的意义是多么重要，它使得我们和儿童之间的对话自然流畅地进行。我们得出结论：提高对引导性问题的敏感度，并时刻保持对成人自身思维定式的觉察——这两点将直接影响我们开展促进性对话的方式。但是我们不想停止提出那些能澄清我们理解的问题。教师需要感到安全，敢于提出这些澄清性问题，以使对话能够自然地继续下去。

与道恩、瓦妮萨解读完这次对话后，我决定进一步记录更多的对话。我打算特别留意那些我可能会引导孩子们接受我的想法而不是让他们自己发现的时刻。让孩子们画出他们的想法这个主意是即兴产生的，但鉴于它能够有效地激发孩子们的思考，我肯定会再次使用它。

建构你自己的理论认识与实践

录制一次与儿童交流的促进性对话。使用附录A中的表格来解读每一个问题或互动的目的。你使用的模式是什么？哪种互动发生的次数最多？哪些问题会帮助你引出儿童的想法？哪些问题没有用？下次你将怎样改进促进性对话？你将更加关注什么？

在下一次开始促进性对话之前，根据你从解读互动中学到的知识，运用头脑风暴法列出一些可能的开放性问题和陈述。将这份清单作为对话的指南，而不是照本宣科。

小　结

本章主要论述了如何深入解读和思考儿童话语背后的图式和想法。其中最有效的途径就是与家长或同事合作，进行教学对话。这就是为儿童、你、你的同事以及孩子们的家长创造对话文化如此重要的原因。这些教学对话不仅为你提供情境，以培养引导高质量对话和记录、解读对话的技能，也有助于你把这些技能应用于新的教学实践。

第七章

倾听语言发展中的儿童

老师带我们外出游玩（正阳，5 岁）

在许多早期学习环境中，总有些儿童很难或者还不会用语言表达自己的想法。这可能是因为这些儿童在新的环境中容易害羞或紧张，也可能是因为他们的语言正处于发展之中，或者他们的母语与自己所在的学习环境中的主流语言不一样。因此，这就要求教师寻找一些能够“倾听”这些儿童的方法。事实上，教师要想理解这些儿童需要投入大量的精力，因为他们的想法往往不容易被理解。由于他们没办法用语言展示自己对世界的认识，所以教师不能像倾听其他儿童那样，通过语言来了解这些儿童的想法。

既然教师无法用耳朵来倾听这些儿童，那么应该如何“倾听”他们呢？针对这个问题，本章主要探讨了一些理解这些语言尚在发展中的儿童、让这些儿童参与对话的方法，以及通过想象游戏、积木搭建和绘画活动揭示他们思维的一些策略。

理解安静的儿童

处在一群比较活跃、兴奋的儿童中间，安静、内向的儿童经常容易被人忽视，这给教师理解和认识他们带来了挑战。教师对这些儿童的想法做推断时必须持谨慎的态度。为了做到这一点，教师需要做以下几件事：

- 在推断儿童不能参与对话之前，要对儿童有一个全面的了解；
- 认识到这个孩子具有学习语言和参与对话的潜力；
- 要明白，即使孩子不说话，他也可能理解对话；
- 重视参与对话的“说话者”，同时也要重视“倾听者”。

一些儿童生性比较害羞，当一些事物变化时，他们会有种不确定感，这使得他们在对话中更多地充当倾听者的角色，而不是说话者。有时候，这是一种文化价值观的问题。在一些文化中，成人期望儿童听大人讲话，而不希望他们一开始就提问或交谈。你要想知道这些情况，就必须和每个儿童以及他们的家庭建立一种亲密的关系。因此，你要花一定的时间去和每个儿童的家长进行交流，并认真倾听他们的反馈。儿童在幼儿园是不是和在家的表现不一样？儿童是否能参与到家庭的谈话中？家庭中使用的语言是什么？儿童在面对不熟悉的环境时通常会做出怎样的反应？儿童经历过哪些事情？儿童学习说话是否容易，或者家长有没有观察到孩子的一些问题与困难？在判定儿童不能或者不愿意说话之前，你一定要对儿童有一个全面的了解。

那些觉得"所有儿童都有学习语言和参与对话的潜能"的教师，一直在努力寻找引导这些安静的儿童参与对话的方法。他们尊重这些安静的儿童通过倾听参与对话的方式。他们认为，这些儿童即使不说话也能仔细思考正在讨论的话题。他们寻找其他方式来倾听儿童的想法，并不断鼓励儿童自然而然地参与到对话中。这些教师不会剥夺安静的儿童参与小组对话的机会。他们会在全班活动中向这些儿童提问，常常用一种鼓励性的温和语气来提问。教师会表现出对这些儿童的关注，一直温柔地邀请这些儿童加入对话，因为他们觉得这些安静的儿童具有学习语言和融入对话的潜能。

但也有一些教师觉得"儿童不能理解语言，仅仅是因为他们没有听到教师说的话"，教师们一定要持谨慎的态度来对待这个问题。因为无论学习何种语言，语言的接受能力总会比表达能力发展得快，这是大家普遍达成的共识。我对此也非常认同，因为我学习美国手语时也是这样。在 PS 347 学校工作期间，经过数月的美国手语沉浸式学习，我能够理解一些日常对话或课程，但我在表达上仍然感到困难。即使到现在，我所懂得的手语仍要远远多于我所能表达出来的手语。处于语言发展中的儿童也是这样。他们的英语也许有很多混淆的内容和错误，他们的词汇量也许非常有限，他们对英语语法结构的理解或许正处于发展中……

他们的英语可能对你来说难以理解，但重要的是要记住，“儿童所懂得的语言”事实上远远多于“你所听到的”。

总之，你要像尊重说话者那样尊重对话中的倾听者。你的最终目标是把这些安静的儿童带入对话之中，并促进他们的语言发展。但你需要明白一点，即使他们不说话，他们仍然能参与其中。实际上，一个儿童在听他人说话的同时，他也正在进行思考，但教师常常认为这样的儿童没有参与到对话中。本章会教给你一些倾听这些儿童的想法的方法，通过运用这些方法，你就可以和儿童沟通，并且能促使他们参与到对话之中。

建构你自己的理论认识与实践

在你的班级中找一个比较安静、内向的儿童，问一下你自己：我对这个儿童了解多少？我对这个儿童的家庭情况了解多少？写出你所了解到的有关这个儿童的10件事情，再把你想要了解的有关这个儿童的其他事情也列出来。最后想一想你怎样才能了解这些事情。

让语言发展中的儿童加入对话

你可以实施一些具体的策略把正处于语言发展中的儿童带入对话之中。你要做的第一件事情就是通过和家长的交谈来全面了解儿童。为此，你需要做到以下几点：

- 接受儿童本来的样子；
- 关注他的优势和能力，而不是关注他不能做什么；

¤ 持续地邀请和鼓励他参与对话；

¤ 保持耐心；

¤ 考虑一下邀请他加入对话的时间和地点；

¤ 提供一些能让儿童使用他的母语进行对话交流的机会。

许多年前，我曾教过一个叫劳拉的6岁小女孩。她在幼儿园不肯和任何一个人说话，无论是教师（包括我）、同伴，还是其他儿童的家长。但她的父母告诉我，她在家里其实是一个爱说话的孩子。我们感觉到她似乎很喜欢幼儿园，也喜欢参加幼儿园的学习活动，但她很少谈论这些。劳拉的母亲非常肯定地告诉我，她在家里经常和他们说起幼儿园的事情，而且每天早晨都乐意来幼儿园。在幼儿园的休息或午餐时间，她也会和其他儿童在教室里玩耍。我们感到非常困惑：为什么劳拉在幼儿园不开口说话？

我没有选择抱怨，而是决定采取“接受现在的劳拉”的策略。在关注她不参与班级交流的同时，我也一直坚持用让她觉得自在的方法，鼓励她在班级中积极发言。我并没有因为她不参与对话而感到沮丧。我一直邀请她讲述自己的经历，但是如果她拒绝讲述（通常是对周遭的一切都无任何回应），我也会耐心地等待她一会儿，再继续我的活动。我觉得如果我对她不说话这件事反应过激，就会使其他人注意到她“不说话”的情况——这会让她被视作“那个不说话的孩子”，而不是“喜欢画画，喜欢蝴蝶和搭建模型”的孩子。我不把她当作能力有缺陷的儿童。于是，我们继续一起在班级里生活、学习。其他儿童也接受了劳拉的状态，并把她当作他们游戏中的一员。

突然有一天，劳拉第一次在班级中讲话了，我们感到非常惊讶！那天，我们在进行集体讨论，我突然瞥见劳拉的小手高高地举在半空中。我特别兴奋，努力克制自己，等到正在说话的小朋友发言结束之后，我把自己的全部注意力转向了劳拉。她给了我一个很简单的回答，接着我们继续教学活动。孩子们似乎也明白，这对劳拉来说是一个具有里程碑意义的事件。值得一提的是，他们通过脸上的微笑和全神贯注的表情为劳拉的表现感到高兴，而不是用一种让劳拉不知所措的过分激励的方式。我曾经设想过，当她第一次在班上开口说话时，她也许是对着她的一个好朋友，或者是在旁边没有人时悄悄地和我说话，但我没有想到劳拉会选择在这样一个面向集体的公开场合开口说话，这令我感到相当震惊。从那天开始，劳拉并没有奇迹般地在任何时间都开口说话，她依旧保持安静不语，但是她和同伴互动时更加自在，并且偶尔会用语言与同伴分享自己的想法。这件事情给了我一个很大的启示，那就是“要有耐心，并相信每个儿童都有能力成为学习共同体中的一员”。

除了理解你所照顾的孩子在谈话时可能不说话这一事实，你也要考虑一下让他说话的时间是否合适。你是不是只关注全班集体讨论的场合？其他孩子是否占用了安静儿童的发言时间？为了便于安静的儿童说话，是不是应该组织小组内的对话交流？让儿童进行小规模的讨论，那些爱说话的儿童能更加容易地帮助那些安静的儿童参与对话，而不是代替他们讲话，这是非常值得教师考虑的一点。也许在对话中，一些儿童能够发挥榜样示范的作用，鼓励安静的儿童开口说话。对于安静、内向的儿童来说，如果你让经常与他玩耍的两三个伙伴和他对话，他会更加有安全感。你最好不要安排那些喜欢从头说到尾的儿童和这些安静的儿童一起交流，因为如果全程都是那些儿童在说话，那么安静的儿童就没有必要参与了。因此，教师应该仔细考虑一下对话小组成员之间的关系以及他们进行小组讨论的时间。千万不要让儿童有不愉快的学习体验，例如，不要把孩子从他最喜欢的学习活动中拉出来，也不要在嘈杂且容易分心的地方进行谈话。如果过渡（或改变）时间让孩子感到不安，那就不要在学习环境或不同的学习活动之间的过渡时间进行对话交流。

有些儿童会觉得，一边搭积木或绘画，一边与你进行交流，他们会感到更加舒服、自然；有些儿童也许更喜欢在安静的环境中躺在垫子上和你交流一些有关他们的事情。也许，群体对话的正式场合会让儿童感到陌生。对于儿童来说，成人的提问和倾听可能是一种令他感到不安的陌生的方式，因为他在家里通常不这样与家人交谈。或许儿童不知道在对话中应该做什么或者教师期望他做什么。还有可能他没有学会对话交流的自然规则，或者没有获得一种安全感去和成人分享他的想法。因此，在这个时候就需要教师在学习环境中营造一种对话的氛围。你亲切的态度、积极的鼓励性回应以及你对他的能力所表现出来的信任，都能帮助安静的儿童逐渐找到安全感，然后促使他慢慢地参与到对话中。

如果英语是这个儿童的第二语言，那么你就要创造一些让他用母语进行交流的对话机会。或许你可以邀请一些志愿者来帮助你，比如儿童的家长或者社区中会讲儿童母语的人。在他们和儿童进行对话交流之前，你先和他们沟通，并让他们了解你的想法（或许你需要找一个能翻译或解说的人）。你要告诉他们，你对这个儿童的想法感兴趣，而不是为了考察儿童的知识掌握情况。你可以向他们展示如何用一种轻松活泼的语言和儿童交流，而不是用一个接一个问题的成人化对话方式和儿童交流。这样有助于这些志愿者观察你如何与儿童进行日常对话，你可以给他们提供一个模仿的对象：你的语音语调、你的肢体动作、你提问时温柔的态度，以及你如何表现对儿童想法的关注。这或许是一种能建立起合作关系的具体方式，比单纯地和志愿者说“只要和儿童谈谈”要好得多。我们还建议，让儿童阅读一些用其母语编写的图画书，或者根据图片用儿童的母语给儿童讲故事，然后和儿童讨论有关这本书的一些内容。

在志愿者和儿童进行交流后，可以让志愿者简单回忆对话的内容，你可以从中获得你想要了解的一些信息。即使没有从中获得一些令你惊喜的东西，你也不要太过担心。因为在你没有参与儿童对话的情况下，你想了解儿童的内心世界和想法是非常困难的。但是你要记住一点，无论你是否在引导对话，让儿童用母语参与对话本身对他来说就是一次非常有意义的学习经历。大家普遍认为，孩子的第一语言越强，第二语言也会越强。通过这次对话，儿童将意识到他的想法对成人来说很重要，而且他的第一语言在早期学习环境中很重要。你可以把儿童的想法整理成文档与志愿者分享，也可以在班级学习环境中通过两种语言来展示这些想法，以赋予其价值。让儿童用自己的语言表达他对照片（儿童和成人的合照）以及他的绘画作品的想法，教师在学习环境中用儿童的母语和英语同时进行阐述，这样做可以传递给儿童一条重要的信息：作为学习和思考工具的所有语言，都是极其重要的。

建构你自己的理论认识与实践

你如何看待班级中比较安静、内向的儿童？反思你对待儿童的语言和行为：你有没有表达对“儿童在交流中作为学习者、思考者和参与者所表现的能力”的信任？他的优势是什么？你在活动中如何显示出你对他的优势的重视，以便他能更好地认同和运用自己的优势？

追踪一星期以来这个儿童参与对话的行为，在你的教学记录本或者日志中记录儿童每次被邀请参与对话的时间。一定要记录清楚这是属于自发性对话还是促进性对话。附录 B 中的表格也许会对你有所帮助。

在一个星期快结束的时候，阅读你所有的记录文档。你看到的对话模式是什么？自发性对话的次数是不是比促进性对话的次数要多？相对于小组对话，他是不是更适应一对一的对话方式？当反思儿童参与对话的行为时，你潜意识中对促进性对话的重视程度是不是比对自发性对话要高？他是不是更多地参与自发性对话？他是不是在特殊的时间、地点或学习活动中参与对话更自在？

揭示儿童的思维

除了交流讨论之外，是不是还有其他的方式揭示儿童的思维？瑞吉欧教育者提出了“儿童的一百种语言”理念——这是儿童认知世界的方式，也是儿童表达自我的途径（Edwards，Gandini，& Forman，1998）。如果我们把语言作为儿童表达想法的一种“声音”形式，那么对于早期教育教师来说，除了儿童的语言之外，还有很多其他形式的“声音”需要我们用心去倾听。很多时候，我们仅仅关注那些被学校传统和社会所重视的“声音”——口头交流和书面交流。在不削弱用于交流的基本社会语言的重要性的情况下，儿童还可以运用其他符号语言来表达和交流自己的想法。这些“声音”形式可以让你带着目的去倾听语言发展中的儿童的想法。

带着目的去倾听儿童的其他“声音”形式，首要的一点就是要了解他们。一旦你决定重视他们通过绘画、建构、角色扮演和运动等发生的学习和思考，你就会不可避免地注意到这些时刻出现的频率越来越高。反思一下你目前关注的是什么：你是不是很多时候都在关注建构区，而很少观察和倾听绘画区的儿童的交流与学习？你是不是经常给儿童提供黏土，但

我们玩黏土（琪琪，5岁）

是很少关注他们用黏土做了什么东西？你可以在每个星期有不同的关注点，以帮助自己重视之前很少关注的区角中儿童的学习。例如，如果你想要关注一个星期中绘画桌旁的儿童的活动情况，那么你就可以在每次的自由游戏时间花 5 分钟和那里的孩子们待在一起。

当儿童与材料进行互动时，他们创造的符号语言就可以展现他们对事物的认识、思考和想象。这就是这些材料能转化为符号语言的原因。你要关注黏土、积木、金属丝和沙子等材料所传递的信息，以下有一些相关的建议可供你参考。

- 要用你的“眼睛”去观察，而不是用你的“耳朵”去听。
- 就像你在练习听儿童的语言表达时一样，要融入儿童活动的情境之中。
- 要花一定的时间去观察，不要匆匆忙忙。有时候，儿童用这些语言表达想法的时间比口头语言要久一些。
- 观察儿童与材料互动时的调整情况和活动情况等。
- 观察儿童怎样用材料表征另一种物体（例如，用积木代表马路上的汽车，或用冰棒棍代表森林中的树木）。
- 观察儿童所遇到的困难以及他们克服困难的方式。
- 观察儿童创作和使用符号语言的过程。关注儿童怎样从最开始一步步地进行创作。
- 用速写、照片和摄像来记录整个过程。

接下来我们将举例说明如何理解想象游戏、积木搭建和绘画活动中的符号语言。

想象游戏

儿童的游戏可以为我们提供关于他们理解和认识世界的方式的丰富信息。当儿童游戏的时候，倾听他们的声音，可以让你更加明白他们独特的内心世界，而这是儿童的其他表达方式所不能揭示的。一个平时安静内向、很少参与班级或者小组讨论的儿童，或许会在游戏中找到属于他自己的表达方式。

尼古拉斯在2岁出头的时候，需要住院做个大手术。他4岁的哥哥丹尼尔目睹了父母忧心忡忡地为弟弟办理住院手续，以及医生给弟弟打针、喂弟弟吃药的场景，他感到有点害怕。全家人把尼古拉斯送到医院，陪伴他适应这个新环境。后来，尼古拉斯的妈妈继续待在医院陪着他，丹尼尔和爸爸迈克尔则回到了家。迈克尔在厨房为全家准备晚餐，丹尼尔则在隔壁房间里玩耍。过了一会儿，爸爸叫丹尼尔吃晚饭，发现丹尼尔全身缠着绷带，脖子上挂了一个听诊器，胳膊上还挎着玩具医药箱。“爸爸，你需要打针。”丹尼尔边说边指给爸爸看他哪里受伤了，并说缠上绷带才会早日康复。

丹尼尔也许觉得很奇怪：为什么只有他和爸爸两个人回到安静的家里？他也许在想：尼古拉斯和妈妈什么时候会回来？在这个时候，家人都把注意力放在尼古拉斯的身上，没有人好好想一想丹尼尔可能遇到的问题和困惑，但是这似乎没有给丹尼尔造成太大影响，因为丹尼尔知道怎样使自己更好地面对这一系列奇怪的事情。他知道自己需要待在一个安全的环境中，并且通过游戏来表达自己的想法，他的游戏让他可以更好地感知这一切。丹尼尔没有用语言来表达把尼古拉斯送进医院这件事。或许对于他来说，用语言向爸爸表达他心中的想法实在太难了，因为他不知道如何表达。但是，游戏正好让他表达了他的想法。

在你的班级中，对于一个语言发展中的儿童来说，他需要更多地通过想象游戏来表达自己的想法，就像丹尼尔一样。他也许不能用话语来表达他的想法和感觉，但是他的游戏可以展示出他的认识以及先前的经验。

如果让班级中安静的儿童通过想象游戏扮演不同的角色，或许他们会表现得更加自信。通常在这样的安全环境中，儿童在游戏中所扮演的角色越精彩，他们的自信心就会随之变得越来越强。他们可以尽可能多地尝试其他角色——妈妈、爸爸、消防员、超人或者仙女。在没有危险的环境中，安静、内向的儿童会觉得说话和玩游戏更有安全感，与他们所参与的对话交流活动相比，你在游戏中可以更多地了解他们的想法。如果在倾听想象游戏中的语言交流时，你也在倾听游戏本身所传达的声音，那么你就可以更多、更好地了解这些儿童的想法和认识。

4 岁的保罗通过一个他在幼儿园时的故事，向我们展示了倾听想象游戏中儿童语言的重要性。保罗是一个听障儿童，在这个故事发生的时候，他正在学习手语。他理解的比他通过手语向教师展示的要多。他非常喜欢在积木区玩，偶尔会选择画画或涂鸦。最近，他发现了班级中的角色扮演区。然而，他很少在全班或小组讨论中用他的新语言（手语）积极地参与对话，而是更喜欢观看和倾听。他的老师发现在游戏中标记物品时，一些新词汇正在他的语言中慢慢出现，并且他逐渐能够专注于对话并理解轮流交谈的规则。

有一天，班级里正在开展有关比萨店的主题游戏。孩子们组成小组，实地参观了比萨店，回到教室后制作了比萨，并观察和画下了制作比萨过程中使用的许多配料和工具。保罗的老师开始反思：保罗在这次探索活动中学习到了什么？在实地参观中，他看到或观察到了什么？对于比萨店和做比萨，他的认识有多少？下面就是教师在保罗的游戏中发现的内容。教师发现他比平常玩游戏时更加投入，于是就用照片记录下了他在游戏时间的表现。之后，教师把照片放在一起，展示了保罗在 15 分钟内的完整的活动情况。保罗在游戏中展现了他有关比萨以及比萨制作的丰富知识。

- 对于厨师角色的理解：装扮成厨师，在“餐馆”的烤箱旁准备食物。
- 对于“餐馆”区域的认识：他的游戏停留在“餐馆”游戏区的一个地方，而没有尝试到顾客就餐的桌椅区去游戏。

- 有关比萨的准备和烘烤过程的知识：擀生面团，把面团放在比萨托盘中，在比萨上撒配料，然后用长柄托盘把比萨放进烤箱烤制一段时间，最后把比萨从烤箱内取出。
- 有关使用烤箱的注意事项的知识：知道在使用烤箱时，为避免烫伤，应该戴上手套来保护他的手。
- 有关厨师制服的知识：他在游戏中扮演厨师时，知道要系上围裙，戴上厨师帽。

保罗正处于这样一个阶段：他所学习的手语不足以充分表达他所理解的全部内容。但是想象游戏这种表达方式不仅让他在这个过程中建构了知识，还给教师提供了可以了解他的思维世界的一扇窗户。

现在，教师知道了保罗在游戏中所展现出来的部分经验，下一步就该思考如何开展一些可能的活动以拓展他的思维。教师组织了更多小规模的实地参观活动，这样保罗就可以近距离地观察厨师的工作。教师借此引导保罗了解厨师和服务员的关系。教师也计划为保罗提供更多准备材料和烹饪其他菜肴的机会，以便他把做比萨的经验拓展到做其他食物上。因此，教师在教室的区角中投放了很多餐馆的烹饪用具，希望可以激发保罗在游戏中使用它们，通过游戏活动更多地展示他对烹饪的想法和认识。最后，另一种可能性就是为保罗提供拓展经验的体验机会，让他理解餐馆中的“服务员”和“顾客”等不同角色。教师基于对保罗现有认知图式的了解，引发他开展新的活动以拓展他的思维。

想象游戏不只发生在角色扮演区，在积木区也可能发生。例如，儿童在积木区搭建了动物园、蜘蛛侠之城或者仙子的城堡。在探索时间，4 岁的克里斯托弗和杰维尔一起在积木区玩了很多天。他们很少到其他角色扮演区玩耍，似乎只关注积木搭建，他们的游戏并没有多少想象的成分。他们的游戏是平行的而不是合作的，但当他们一起开始有结构地搭建时，他们的想法似乎开始建立联系。就像一天中的其他时间一样，在他们的积木游戏时间里，这两个男孩之间几乎没有交流。突然有一天，当观察他们玩积木时，教师注意到克里斯托弗正在建造一个新的积木作品——一个很长的长方体结构，然后他躺在了里面。之后杰维尔跑到娃娃家，找了只泰迪熊玩偶给克里斯托弗。原来那个积木作品是一张床，而泰迪熊玩偶是为了帮助克里斯托弗入睡用的！积木区的游戏记录展现了男孩们平时没有表现出的想象力。它展示出克里斯托弗的想象世界和他对形状的认识——把搭建的长方体结构当作床。更值得一提的是，杰维尔用他的游戏行为表达了他对克里斯托弗的行为的理解和思考，以及他对睡觉时间发生的事情的认识（拥抱着泰迪熊玩偶入睡）。虽然男孩们没有用语言来交流这些想法，但他们的游戏让教师看到了他们的思维，并提供了一个窗口。通过这个窗口，教师可以更全面地了解他们。

建构你自己的理论认识与实践

花一定的时间去用心倾听儿童在角色扮演区或其他区角（儿童可以在玩耍和交流时进行想象的地方）所展现的想法。你可以选择一个游戏区，在一旁坐下来，静静地进行观察，或者用三脚架架一台摄像机来记录这些活动。记录你所看到的一切，而不是仅仅用耳朵听。

你观察到什么？儿童用游戏道具和其他材料做了什么？他们有没有联系到自己对真实世界的认识或者真实世界里（成人）使用材料的方法？它是否显示出孩子们在生活中使用这些材料的经验（图式）？

在想象游戏中，每个儿童承担了什么样的角色？他们怎样用行为表现他们正在扮演的角色？他们用什么材料来表现他们正在扮演的角色？他们扮演的角色和真实世界中的角色有什么联系？游戏中有什么能展现儿童对这个角色的认识？

他们和同伴是怎样互动的？虽然没有用话语进行交流，但是他们的游戏是否互相关联？他们是不是扮演了很特殊的角色？他们扮演的角色之间是否有联系？游戏表明他们对角色关系有怎样的理解？

积木搭建活动

儿童用积木搭建的三维立体结构有助于成人解读他们正在形成的有关数学、心理和社会的认识。通过使用积木搭建，儿童可以理解他们的建筑物不稳或者倒塌时（无论是否受到外力作用）重力发挥的作用。他们可以通过试错的过程来解决他们设计中存在的问题，探索稳定性和平衡的概念。他们探究物体的大小、形状和质地等，形成有关物体分类的知识。在搭建过程中，他们还学习设计和建造的技能和策略。通过仔细观察积木搭建活动所展现的内容，所有的学习都变得可视化。让我们再看一些具体的例子，以便更好地理解这一点。

南希班上有一组 3 岁的儿童，她发现他们在用积木搭建房子时似乎局限于一种建筑模式——他们总是搭建一些低矮的房子。一组男孩总是喜欢在积木区玩游戏，用相同的积木一遍遍地搭建一条长长的道路或轨道和一排排扁平的建筑物。南希想让他们在积木区搭建其他的东西。她感到很奇怪，男孩们都住在高楼大厦林立的曼哈顿中部，但是他们只搭建那些低矮的楼房。与此同时，她也希望能有更多的儿童去探索积木区的活动。

在这个由 3 岁男孩组成的小组中，有的儿童将英语作为第二语言，有的儿童的表达能力正处于发展之中。当组织全班和小组围绕建筑物展开对话时，孩子们的回应只有只言片语。因此，南希决定带着儿童去附近散步。她希望通过观察和讨论高楼大厦，让儿童注意到建筑物的不同外形特征或设计风格，进一步形成有关设计、形状和空间方面的经验。

南希决定用照片记录随后几天儿童在积木区的活动。然后她和同事们一起运用这些照片来解读儿童对于建筑的认识，寻找他们搭建的建筑物的变化，也许在此过程中能发现儿童对于建筑相关经验的拓展。

在外出散步后，南希惊喜地发现儿童搭建的建筑有所变化。这是她首次看到儿童开始向上搭建房子。他们搭建的建筑似乎和曼哈顿的建筑联系了起来。这些建筑高得他们都快够不到顶，并且随着楼房高度的增加，楼房之间的距离变得非常狭小。一个儿童在他搭建的楼房的最顶层放置了不同形状的积木，教师们推测，他是在展现他所观察到的不同形状的屋顶或者楼房顶部的水塔。这些 3 岁的儿童没有用话语告诉南希他们通过散步学习到的有关建筑的知识，也没有用话语告诉南希他们想要往上搭建楼房的想法，但是他们所搭建的积木告诉了她这一切。

3 岁儿童在小区散步后搭建的“摩天大楼”

那天，孩子们搭建的建筑物呈现出以下迹象。

- 儿童已有的关于建筑的图式可能整合了新知识：他们搭建的楼房越来越高，并且用不同形状的积木搭在房子的顶部。
- 儿童搭建的建筑体现了他们对城市空间的认识：建筑物彼此离得

相当近。

- 他们意识到有高而窄的楼房，这代表了他们对曼哈顿的摩天大厦的认知图式。
- 他们知道如何在不同位置摆放积木来创造不同外观或实现不同目的（一个孩子将一个长方形积木转过来，让它窄的一边立起来）。
- 他们知道不同表面的特征及其相互关系（一个孩子的建筑中有一个圆柱形积木，其平坦的底面朝下放置，而非曲面向下）。

通过倾听积木搭建的建筑结构所传达的“声音”，南希和同事萨姆获得了有助于他们进一步拓展儿童思维的信息。他们可以开展的一些活动有：多次带领孩子们在周边散步，拍摄更多的建筑物照片，包括一些儿童感兴趣的比较独特的建筑特征的特写镜头。教师可以把这些照片张贴在教室的墙上或者摆放在积木区，以便儿童在搭建自己的积木建筑时进行参照。

还有一种方法是给儿童一个可随身携带的相机，让他们在散步的时候给自己感兴趣的建筑拍照。南希也可以找一张咖啡桌，在上面摆放一些关于多种建筑结构的图画书，以便为孩子们提供不同的图片参考。后来，当教师们再次观看记录（第一次拍的摩天大楼的照片）时，他们想到了其他可以延伸的活动。教师们发现大多数儿童没有在建筑上造门（虽然他们把长方形积木倒放在一个建筑门口的地上，可能是当作门），因此下次散步的主题就是观察建筑上的不同类型的门。未来可能探索的内容是电梯和楼梯，教师可以通过问一些带有启发性的问题（“人们如何从一楼到达顶层？”）来推动这个话题。在这个案例中，多种学习的可能性得以显现，它们并非来自儿童的话语，而是源于积木搭建活动。

4 岁的佩特拉是另一组中的儿童。她在班级的集体活动、小组讨论甚至吃饭时间都表现得很沉默、内向。她的老师曾鼓励、邀请她参与对话交流，但是她仍然只有非常简短的回应。在大多数时候，她更喜欢做一个倾听者。她的老师想更多地了解她的兴趣点以及她对事物的理解，因此决定通过近距离地观察她的游戏来了解她。佩特拉喜欢在积木区玩游戏，她总是独自玩耍，并且能够长时间专注于自己的任务。佩特拉玩积木游戏的照片显示了她正在形成有关数学的知识和对事物的一些理解。通过仔细观察她搭建的城堡和停车场，教师们产生了如下解读。

- 她观察到城堡外形的线条和左边圆柱形积木排成的线条。
- 她意识到要选择相同形状和大小的、对称的积木来搭建城堡上的塔楼，并用圆柱形积木来搭建停车位。
- 她对秩序的敏感性体现在她的设计中，她将四个圆柱形积木放置在四个长方形积木的末端作为停车位，让其与城堡顶部均匀排列的四个塔楼相对应。
- 对于长度匹配的理解：她将一块较短的积木放在左边两块积木的上面，相应地，城堡中间和右边的两块较长的长方形积木需要匹配四块积木，这样它们的长度才一致。
- 对于一一对应的理解：她在每块圆柱形积木上配一辆玩具车，在每个塔楼上配一块三角形积木作为楼顶。

带有停车位的城堡

另外，倾听佩特拉的其他语言，并观察可以展现她想法的其他活动（例如涂色或画画），也会是一件非常有趣的事。在积木区的书写板上提供记号笔和纸张，可以促使她画下建筑设计图，这样或许可以提供给教师另一种可以倾听的声音。另外一件可以做的事情就是，在积木区提供一些不同形状的或特殊形状的积木，这可以激发她对于形状、大小、线和其他材料性质的思考。此外，还可以提供一些有曲线特征的材料或者让她观看有曲线特征的建筑的照片，来拓展她有关线的认识（相对于她已经探索过的直线）。她搭建的建筑有内部空间，或许教师可以问："人怎样才能走到里面？"这样做就可以激发佩特拉在未来的设计和搭建过程中有更多的新想法。

前面的两个例子展现了教师解读儿童积木搭建作品的方法。虽然这样做对于教师理解儿童的认识和知识很有用，但是这只能揭示真相的一半。想要完整地欣赏儿童在积木游戏中所展露出来的潜能，教师就必须仔细观察积木搭建的整个过程。

有一天，当我路过 3 岁的戴维德所在的游戏区时，我决定坐在他身边看他玩游戏。我每周都会来这里观察，但我感觉自己还没有和他建立起联系。他是一个内向且安静的孩子，大多数时候会选择独自玩耍。他的家人是讲西班牙语的，但是他在幼儿园里所讲的主要语言是英语。不过，就算幼儿园教师对他讲西班牙语，他也只会回应一两个词语。教师曾经关注过他的语言发展状况，但是由于他沉默、内向，教师对他的认识和发展情况了解得非常少。戴维德在幼儿园里喜欢拼拼图、玩水和搭积木。

我那天观察戴维德时，他正在玩桌面积木。我坐在他的旁边，但是不与他进行对话。我希望我的出现不会让他感到不自在，并且我不强迫他与我进行互动交流。我决定在那一刻只用我的眼睛看，用我的耳朵听。我拿着一个带有空白记录表（见附录 C）的夹板。

从我的记录表（见表 7.1）上可以看到，戴维德选择了两块积木——三角形积木和半圆形积木，两块积木有着相同的尺寸和厚度。刚开始，戴维德尝试将半圆形积木的曲面边缘朝下直立摆放。这个积木块足够厚，因此很稳定。然后，他将三角形积木放在半圆形积木的平面上，但他只将三角形积木的一半底边放在半圆形积木上，导致积木整体失去平衡，两个积木块都向左倒下。当戴维德捡起三角形积木并尝试新的策略时，我知道我正在见证那种看似寻常却意义非凡的学习时刻，这样的时刻或许每天都在不经意间出现。通过一次次试错的过程（记录表中有清晰的展示），戴维德探索了积木的几何属性，发现了半圆形积木的重心。然后他用另一组相同形状的积木重复了这个过程，只是这次他不需要经历同样的试错尝试，他从一开始就将三角形积木放置在半圆形积木的重心附近。

表 7.1　儿童行为记录表

<table>
<tr><td>日期：2005.11.30</td><td rowspan="2">儿童：戴维德（3岁4个月）</td></tr>
<tr><td>观察者：莉萨</td></tr>
<tr><td colspan="2">情境：在自由活动时间，他一个人在桌子旁玩积木。</td></tr>
<tr><td>儿童的行为：
把积木拿到桌子上，没有迹象显示他已经做好计划。
他用了两块积木：
1.  这样放置，积木倒了。
2.  把三角形积木往半圆形积木中间移一点，积木再次倒了。
3.  成功！
重复用另外两块相同形状的积木进行摆放。
直接把三角形积木放在半圆形积木的中间，只要稍微进行调整就能使整体保持平衡。</td><td>教师的反思：
我是怎样知道他没有计划的？
假如没有记录这个过程，那么这个“寻常的时刻”就不会变成“意义非凡的时刻”！
把他学习到的知识运用于新的情境。
实践检验着他的理论。</td></tr>
</table>

注：此为戴维德发现重心过程的记录。

戴维德没有把他的思考大声地用话语说出来，但是我只通过密切关注他摆放积木的过程，就见证了他的学习以及他把新知识整合到已有图式中的过程。

建构你自己的理论认识与实践

当安静的儿童在积木区游戏时，你去观察他或者让他和你一起在桌子旁玩一些开放性材料。你要想好怎样记录儿童的学习过程：画画、拍照、速写或录音？用你的眼睛和耳朵一起来观察。

稍后找个安静的时间，和一位同事一起解读这份记录。你看到了什么？这个孩子与材料互动时发生了什么？他的互动是否给了你关于他在想什么的线索？他遇到了什么问题，又是如何解决的？儿童对于这种学习活动的倾向（态度）是怎样的？

绘画活动

对于大多数儿童来说，绘画可以作为他们的一种表达形式。我很喜欢艺术家和教育家厄休拉·科尔比（Ursula Kolbe）描述绘画的一句话："给予想象飞翔的翅膀。"（2005，p.3）绘画让我们的想象（创造性思维）飞翔，它也赋予了我们的思考以声音。正如话语将我们的思考从私人世界带入公共世界一样，绘画使我们的思考变得可视化。正如科尔比所说："绘画可以培养儿童思考、感受和想象，以及与他人分享想法的能力"。（p.45）

就像我们探索过的其他"声音"一样，绘画既可以展现儿童的想法，又可以拓展儿童的思考。有的时候，儿童可以用绘画表现他们的想法和经验；还有的时候，儿童可以用绘画去做计划或提出新的想法。当你仔细倾听绘画的语言时，你有机会看到儿童可能不会大声表达出来的内容。虽然绘画不能展现儿童的全部想法，但是学着去关注儿童绘画可以让你窥见儿童内心的一角。一幅儿童的绘画可以展现：

¤ 绘画者关于世界的理解和认识；

¤ 绘画者如何解决构图或材料方面的问题；

¤ 绘画者所做的选择；

¤ 迁移（对于象征物体而言）；

¤ 人与物之间的关系；

¤ 感觉或情感；

¤ 叙事意识。

选择通过绘画来倾听儿童的想法主要有两方面的原因：一方面是，它提供了一个安全、舒适的环境来激发对话交流；另一方面是，它让孩子们的无声思考得以表达。

对于一个沉默、安静的儿童来说，绘画也许可以给他提供一个舒服的表达环境。或许他对集体交流有太多的抵触情绪，但是如果他坐在教师的身边绘画，这也许为交流的发生提供了一种可能。当然，儿童一定要对绘画的内容有选择的权利。如果你让一个儿童画指定的东西，就会破坏这个安全的交流氛围；很多儿童在画画时愿意讨论他们所画的内容。他们也许会给自己的画作起名字，为下一步要做什么制订计划，或者谈论一些他们联想到的、和他们的画作有关的事物。你可以提供材料，也可以创造能让儿童肩并肩、面对面坐在一起绘画的环境，以此来鼓励他们进行交流互动和社会性的学习交往。准备一张足够大的桌子，有能让 2 ～ 4 名儿童伸手拿到材料和存放纸张的足够空间，这样你就给儿童创造了一个能够分享学习和对话交流的环境。平时，你可以把绘画材料放在并排放置的画架上，这样也能促进儿童的交流。

一天，4 岁的卡梅伦和努拉跪在垫子上，一起在一个矮桌子上画画，教师在桌子上放置了纸张和记号笔。两个孩子都在那里专心致志地作画。他俩在班级里都属于安静的儿童，在小组中经常被淹没在喧闹的儿童中间。放置在室内安静角落的小桌子让他们聚到了一起。教师在他们的旁边坐了几分钟，密切地关注着他们的画。卡梅伦详细地查看了努拉的画，然后扫视了一下自己的画。

卡梅伦："那是什么？"

努拉："公主。"

（卡梅伦继续画画，但似乎对自己的尝试很不满意。在涂画几分钟后，他开始和努拉说话。）

卡梅伦："给我看看。"

努拉："什么？"

卡梅伦："那个，给我看看。"

（努拉向卡梅伦展示"怎样画公主"。卡梅伦用心地看着，然后开始自己尝试。）

我眼里的公主（语汐，6岁）

这个对话不是很复杂，但是一起画画的融洽氛围使卡梅伦和努拉聚在了一起。这给了他们聚在一起的机会，并最终促成了交谈。如果他们的老师没有贴心地设置这样一张绘画桌，或者过早地用太多直接或引导性的问题打断他们绘画，这个机会可能就失去了。有时候，设计一个环境或者你亲自到现场去关注它，就足以告诉儿童：这个学习经历是极其重要的。

在另外一个例子中，斯泰茜老师在班上的3岁孩子里选取了4个小朋友，让他们围着绘画桌进行有关南瓜的绘画探索活动。其中一个小朋友的语言表达能力非常好，而且非常自信，在班级里也很健谈；而另外三个小朋友的语言正处于发展中，他们显得比较文静。斯泰茜想给他们提供一种可以拓展词汇量的活动，最终她选择了绘画。因为孩子们曾在一起用黑色的记号笔画画，因此，这对于他们来说，是在一个熟悉的环境中运用熟悉的材料的过程，所以比较安全。

斯泰茜开始用促进性对话推动绘画桌旁有关南瓜的对话交流。她向儿童提了一些开放性问题，例如："你看到了什么？""你注意到了什么？""你对它感觉如何？"同时，她也引导他们进行观察，并在有意义的对话中加入一些新的词语，例如："你有没有看到这里的线？""这条线如何从茎的顶部一直延伸到南瓜的底部？"经过这样的探索与讨论，儿童既画了完整的南瓜，也画了切开的南瓜。在绘画和交流期间，三个儿童开始使用从斯泰茜和其他同伴那里学到的新词。斯泰茜注意到在讨论南瓜时，两个儿童使用了两个新词"南瓜"和"高低不平"，另外一个儿童使用了新词"重"和"松软"。画南瓜的探索经历给了他们聚在一起讨论的理由。绘画对儿童的持续性学习起到了非常大的作用，而不仅仅是推进对话的附属物。在接下来的时间里，斯泰茜让这几个儿童与其他小组分享他们的绘画作品和经验，这就提供给他们另一个使用语言的理由和机会。绘画作品让他们与自己的学习和对话体验联系到了一起；通过绘画的过程，他们也对南瓜有了更深入的了解。后来，绘画作品被孩子们自豪地摆放在教室里，这为他们提供了另一个回顾学习的机会。他们还将在这周晚些时候向家长展示自己的作品，再次回顾自己的学习并运用学习到的新词。

选择绘画的第二个理由就是，绘画能够为孩子们未曾言说的想法提供表达的途径，进而帮助你理解那些语言正在发展中的孩子。就像积木搭建活动和想象游戏一样，绘画能展现儿童的思考，让我们看到儿童的内心世界。

当儿童运用语言向我们解释或者描述绘画时，解读绘画就会变得更容易。这可以给我们提供线索，让我们知道画的哪些部分具有象征意义。你可以在没有相应说明的情况下解读画作，但你必须谨慎，不要仅仅根据一幅画的内容就对孩子的想法妄下结论。

重要的是要记住，并非所有的绘画都会直接以我们想象的方式表征事物。它可能不会给我们展示一个清晰的图像或者与孩子谈论的对象、人和想法相似的形象。“妈妈”可能看起来一点也不像一个人。“汽车”可能没有轮子。这并不意味着孩子对人或汽车上的轮子没有概念。就像语言表达一样，当儿童使用绘画进行表达时，他们知道的东西远远比他们所画的东西要多。

此外，你还要记住一点，儿童绘画所表达的意义可能会变化，也许在画的过程中就会变。刚开始的时候画的是猫，可能后来就变成了飞机（特别是当儿童画画的时候，有东西从头顶上飞过）。一幅关于“家”的画可能变成一幅关于“公园”的画，儿童在创作过程中会因一些事物或事情发生这样的变化。儿童的绘画也有可能随着时间的变化而改变，从这一天到另一天，儿童通过绘画所表达的内容可能就会发生改变。

绘画经常可以帮助你更多地了解儿童的想法，可能这些想法是无法用口头语言来表达的。一个正处于语言发展中的儿童可能没有那些能表达他想法的词语（换句话来说，他可能不知道那些词语）。记住，他仅仅是不能表达，并不代表他不知道。在这个时候，绘画或许能展现他无法用语言和词语表达的内容。

在第六章中，我们认识了通过参与促进性对话来表达自己想法的乔迪。乔迪发展了两种语言——手语（第一语言）和英语。在 5 岁时，他的两种语言都正处于发展之中，他被确认为“发展迟缓”。在促进性对话中（当时，我使用的是他的第二语言——英语），乔迪告诉我：大脑在思考，大脑在脑袋里。有时候，我在听乔迪的英语时会感到费劲，因此我问他：“你能否用绘画来表达你的想法？”

根据我对他用英语所表达的想法的理解，再加上我从他画中所解读到的内容，可以得出如下结论。

乔迪有关大脑思考的画

¤ 乔迪画了一个完整的人，并在这个人的头部中间画了一个大脑。画出整个人可以显示出他对大脑、思考和整个人的关系的理解：大脑不是在整个人体之外的部分，而是人体的一部分。也许他是在用这种方式来表示大脑影响整个人所做的事情。

¤ 乔迪画的大脑是有脸的，然后他围绕大脑画了一个头，在头上又画了另外一张脸。刚开始的时候，我对此感到十分困惑。随后，我突然联想起其他儿童在绘画桌旁的对话——大脑告诉我们该去做什么。乔迪通过在大脑的脸上画眼睛和嘴巴来表达他对此的想法。他的画在告诉我们：“如果大脑要告诉我们做什么，那么大脑必须有嘴巴和眼睛，因为我们在告诉他人时就是依靠嘴巴和眼睛的。”乔迪用他自己关于“交流”的想法来解释“大脑怎样和人进行交流”。

¤ 乔迪在大脑中画出了呈旋涡状的圆形标记。在通常情况下，儿童所画的线既不代表物体，也不是无意义的“涂画”；线可能代表那些在静态下不容易被表征的运动或者现象。乔迪画的线可能代表大脑正在思考。这可以显示出他所理解的思考是一个动态的过程，而不是静止的事件或者物体。这些线条可以被解释为大脑内部的突触连接。虽然乔迪不会用词语来表达这一点，也没有掌握复杂的脑科学知识，但是他可以通过绘画的语言来表达他对于思考的真实本质的想法。

建构你自己的理论认识与实践

在早期学习环境中，怎样做才能更突显出绘画使思维可视化的作用？怎样做才能从儿童的绘画中获取更多的信息？从现在开始，收集一周内儿童所画的画，与你的同事一起花一定的时间去解读这些画。这些画能告诉你什么？请参照本章中所列的清单，它可以帮助你对绘画进行解读。

小　结

当用心去倾听儿童时，除了倾听这些儿童的语言外，教师还可以倾听他们的思考和想法。有些儿童的语言表达能力很强，很合群，又很健谈，因此倾听这些儿童会比较容易。但是，另外一些儿童给教师的倾听提出了很多挑战。他们需要教师寻找另外一些途径（除了倾听儿童的语言）去倾听他们的想法。通过倾听其他的“声音”，例如他们的想象游戏、积木搭建和绘画等，你可以看见其内心世界的想法。要让这些“声音”揭示出儿童的认知图式可能需要一些时间，但当你能够与孩子们的思维建立联系，并从更丰富的角度将他们视为学习者时，你所获得的回报是巨大的。

第八章

有目的地运用对话

老师和我的妈妈说话（心心，5 岁）

记录儿童的对话是一种手段，而不是目的本身。解读你的记录则揭示了拓展孩子们对世界的认知图式的可能性，但是这对于“对话”本身来说还未结束。没有被解读和运用的记录就像一个蛋糕的半成品——只实现了一半的潜能。本章将探讨如何最有效、最充分地使用对话，以及利用对话为儿童设计更加丰富的、更具吸引力的、促进其广泛参与的课程。

在和你的同事一起解读这些记录下来的对话，对儿童的想法有所了解之后，你应该怎样运用这些信息呢？你要做的第一件事情就是，明确你记录这些对话的初衷是什么。这个目的和接下来要倾听对话记录的听众紧密相关。尽管不能把所有的目的都罗列出来，但是通常我们记录对话，主要有以下三个目的，接下来我会逐一进行探讨。

- 指导课程设计——听众主要是教师（你和直接负责教学的同事）；
- 与儿童分享——培养儿童反思和自我学习的能力，听众主要是儿童；
- 与家长沟通——沟通与儿童学习有关的事情，听众主要是家长。

你可以用同一份记录同时实现三个目的，也可以和所有人分享，但是没有必要每次都这么做。例如，瓦妮萨老师和道恩老师拍摄了他们幼儿园的孩子连续几周玩想象游戏的录像。他们一周拍摄两次，每次拍摄10分钟左右。拍摄这些录像的主要目的是了解孩子们对语言形式（手语、英语和游戏）的运用情况，以便研究故事时间与孩子们真实的语言使用之间的联系。瓦妮萨、道恩和我一起观看了录像，并对录像进行了解读和推断。我们根据这些制订了课程计划（尽管我们的想法总是比我们真正实施的想法要多），并且公开讨论了孩子们的想法。

这些记录也可以供我们与家长分享，或者展示给孩子们看，但是在这个案例中，记录的目的就是指导课程设计。

指导课程设计

记录对话、解读对话和运用对话记录的过程是一个动态的循环。我们初步的解读，让我们知道了孩子们的思考，以及他们对某个想法或者主题的认识。也许我们发现了孩子们关于世界的初步想法，以及孩子们如何运用已有的知识来理解一些令他们感到困惑的或者复杂的事物。现在我们对他们的想法和认识有所了解，那么我们就可以设计一些活动来拓展他们的知识。这些活动包括：游戏、绘画、设计、建造、阅读、倾听和交谈。基于这些活动的对话记录能为教师的课程设计提供一个起点。

让我们再回到你所记录的对话上，你和你的同事已经对它进行了解读。在解读的过程中，你可以从孩子们的对话中找到激发他们进一步探索和思考的想法，例如孩子们的：

- 问题（“电梯怎么知道什么时候要停？”）
- 困惑、误解或新产生的想法（教师问：“牛奶是从哪里来的？”孩子们回答：“纸盒里。妈妈从商店里买的。”）
- 拟人和比喻（“光线会跳舞。”或“我的脑袋像气球。”）
- 兴趣点和兴奋点（“看呀！看呀！这是蜗牛！”）
- 独特的观点（“树叶是朋友，它们都待在树上。”）
- 观察（“我能看到玻璃中的彩虹！”或“公主住在这座塔里。”）
- 认识（“云里面的雨，落下来了。”）

现在，你已经准备好去设计课程了，以进一步探究孩子们的想法，并提供拓展孩子们认知图式的方法。要想拓展儿童的思维，就像我们第一章中所提到的那样，必须为儿童创造一些认知冲突。当两个孩子探讨他们新产生的想法、探索他们不同的观点时可能产生认知冲突，当教师在促进性对话中提出一些特殊的问题或可供探讨的观点时也可能产生认知冲突。另外，材料也可以提供给孩子们拓展思维的机会。正如瑞吉欧教育者所说的，材料、问题或者直接体验可以激发孩子们的思维。下面列出的活动都可以拓展孩子们的想法和观点，创设让孩子们学习新词语的有意义的环境：

- 实地考察；
- 邀请专家或提供实物；
- 观察性绘画；
- 直接探索材料；
- 促进性对话。

实地考察

实地考察为孩子们提供了许多亲身体验的机会，因此，也为孩子们探究他们的想法提供了机会。但是，我们常常把实地考察放在课程的最后一个环节或者作为学期末的远足旅行，从而限制了实地考察的价值的发挥。不知道为什么，我们常常以为实地考察是有趣的附加活动或者课程结束时的例行活动。与此不同的是，另一种观点认为实地考察是课程设计中必不可少的组成部分，孩子们可以体验生活的方方面面，从而拓展他们的知识和经验（Harris Helm & Katz，2001）。

当我们解读孩子们的对话时，需要评估它能否引发实地考察活动，问自己以下这些问题。

- **孩子们的想法是否和真实世界中的地点相关联？** 例如，在孩子们玩想象游戏“烹饪和进餐”的过程中，他们联想到真实世界中的饭店、厨房、自助餐厅和超市这些地点。再如，当孩子们谈论穿着雨鞋在水坑中跳来跳去时，他们联想到真实世界中的鞋店或者制鞋厂，当然还有那些大雨过后常常会出现水坑的公园和操场等地方。

- **孩子们的想法是否和真实世界中的工作、角色和活动相关联？**例如，当孩子们讨论给他们的积木城堡装上电子围墙的想法时，他们联想到电工的工作。当孩子们讨论刚出生的弟弟或妹妹时，他们联想到父母、助产士、护士和医生。
- **孩子们可以在哪里验证自己的想法呢？**例如，孩子们讨论影子时表达的想法可以与他们在特定时间前往操场的实地考察联系起来，那里有足够的空间和一堵墙，可以供他们近距离地观察自己的影子。在入园阶段，孩子们讨论大风天气时的想法可以与他们在刮风天前往公园的实地考察联系起来，他们可以将丝带系在杆子上，观察丝带如何飘动，也可以直接观察满地的落叶如何被风吹得到处飘。
- **附近是否有一个可供“日常”参观的地方——这个地方与孩子们谈论的想法有关——而不是只让孩子们在大楼的“围墙”（教室）里探索想法？**例如，当孩子们在想象游戏中讨论“烹饪和进餐”或“洗衣服”的想法时，你能带他们去附近的餐馆或洗衣店考察一下吗？当孩子们数自己搭建的火车有多少车厢时，你能带他们到小区里数一数有多少房子吗？当他们在光影桌上创造不同的图案时，你能把他们带到街上观察不同形状的邮箱和不同颜色的门吗？想象一下：还有多少对话可以引发这些实地考察活动？

让儿童多次考察同一地方同样有很大的价值，而这一想法在传统的早期教育环境中并未得到认可。你经常会听到教师说：“但是孩子们去年去过那里了。”教师的这种想法会限制他们开展各种促进儿童学习和真正深化理解的活动。以成人的研究活动为例：假如你正在从事一项新的研究，研究哪些事情对你的教学和休闲生活很重要或与它们相关，这时你会只参考一篇文章或一本书吗？无论我是想要对教学法进行深入了解，还是想要去秘鲁旅行，又或者是装修我的家，我都会参考不止一本书，而且我发现自己会反复阅读同一本书。反复阅读帮助我将文本中的想法与自己思考中的想法建立联系。

实地考察可以提供给儿童相似的体验。第一次考察某地，有些孩子可能会兴奋得不知所措，另一些孩子可能有一点点惊慌。在第一次考察时，孩子们往往只会获得一个总体的印象，他们急切地想看到尽可能多的地方，而不会花很多时间去留意一个特别的想法或区域。还有一些孩子会被新的环境弄得不知所措，他们的焦虑情绪会影响观察效果和认知。再次游览相同的地方，给孩子们提供了仔细观察特定特征或区域的机会。通过故地重游，你可以让孩子们进一步探究他们在首次参观时特别感兴趣的点，帮助他们深化想法和拓展知识。

实地考察可以拓展孩子们的语言并帮助他们拓展自己对于世界的经验和想法，为了更清晰地了解这一点，让我们来看看下面的例子。

在一次小区散步活动中，孩子们的一段对话被记录了下来。

伊登："我发现了一座教堂，因为教堂的门是红色的，而且里面有黄色的蜡烛。"

塞巴斯蒂安："这里有一个由叶子组成的圈，里面也有一个圈——在教堂的门的上方。"（他指了指彩色玻璃窗）

伊登："教堂里有一扇能看到外面的大窗户。"

孩子们在这段对话中所表达的想法，可以引发教师在随后的实地考察中进行哪些活动？孩子们的兴趣点在于当地教堂的彩色玻璃窗，这启示我们下一次带领他们散步时，可以让他们研究一下教堂和教堂上的玻璃窗，这可以拓展孩子们的相关经验和内在想法。是不是所有的教堂都有红色的门？是不是所有的教堂都有彩色的玻璃窗？假如没有这些东西，你怎样知道这是一座教堂？从里面看，窗户是什么样子的？教堂的彩色玻璃窗上有哪些不同形状和颜色的图案？

随着探索的推进，玛丽拉老师记录了孩子们在第二天的晨会中的对话。

埃伦（老师）：“你们往窗外看，看到了什么东西？”

扎拉：“屋顶，你可以打开也可以关起来。”

波莉：“幼儿园。”

蒂米：“旗子。”

罗里：“我看到了树、树枝、窗户和教堂。”

安娜：“我正好也想说树。”

塔伯：“当我往窗外看时，我可以看到消防车。”

安德鲁：“玻璃。”

塞巴斯蒂安：“汽车。”

齐克：“玻璃和窗户。”

罗里：“什么是玻璃？”

安娜：“它可以用来做东西，你可以打碎这些东西。”

罗里：“要是碰到那个尖端，你会受伤。”

拓展儿童思维的挑战性问题可以是“你从不同的窗户向外看，看到了什么？”或“从不同的窗户往外看，你看到了什么景色？”。要带他们到户外探索。实地考察的经历可以引发进一步的对话。你可以带孩子们看一看教学楼不同楼层的窗户外的景色，也可以看一看你家里不同的窗户外的景色。从建筑前面、旁边和后面的不同位置的窗户往外看，你看到了什么景色？你在教学环境中可以随时采用这种类型的实地考察。

建构你自己的理论认识与实践

重新读一读你最近的对话记录，思考一下：去哪里进行实地考察可以拓展孩子们对于所谈论事物的想法呢？你是带全班儿童，还是带感兴趣的儿童去实地考察？你将如何记录这次经历以便将其运用到你的学习环境中？

邀请专家或提供实物

尽管实地考察深受孩子们的喜爱，但是总是安排各种各样的实地考察有时不太现实。有些地方可能不对小朋友开放，或者不太欢迎小朋友参观；也可能考察的地点太远，教师无法定期分组带领孩子们过去。在这些情况下，你可以探索其他办法，将资源带到早期学习环境中，而不是让孩子们直接去实地获取这些资源。实现这一点的两种方式分别是邀请专家或提供实物。当你仔细倾听孩子们时，你能捕捉到孩子们与真实世界中的工作和物品相关的想法，并以此找到适合的专家或实物。接下来，你可以：

- 邀请专家参与你的教学活动；
- 请专家带上一件实物，给孩子们展示并讲解；
- 向专家借一件实物；
- 每天和孩子们一起深入研究这件实物。

邀请专家

例如，专家可能是来自实地考察地的一个有兴趣和孩子们建立长期联系的人。你能否邀请这个人去你的教室里和孩子们见一面？到访专家和孩子们合作时表现出的态度，可能会影响合作效果。因此，你要花一定的时间帮助专家和孩子们做好准备，这样的交流将带来更多对话和学习的可能性。你可以像下面这样做。

- **在专家到访之前，先和专家见一次面，或者至少通过电话或邮件与专家进行沟通**。能面对面交流当然再好不过了，这能让你和专家建立联系，而且这对于你来说是一次非常有价值的经历：通过面对面交流增进了解后，你就不会仅仅是在欢迎一个陌生人进入你的教学场所。

- **在专家到访之前，询问孩子们的疑问点或兴趣点。**这是为专家到访所做的准备，可以为你提供很多需要和专家分享的信息。很多年幼的孩子很难表达他们的疑问，或许在他们的脑海中还未形成有关“问题”的概念。因此，你要特别留意孩子们在游戏和互动交流中所表现出的兴趣和他们在自发游戏时提出的一些问题。是什么让你首先想到邀请这位专家的？
- **和专家一起讨论孩子们的兴趣点和疑问点，这样他可以针对“需要和孩子们讨论的内容”做准备。**告诉专家你拜访他的原因。引发相关想法的孩子们最初的对话是怎样的？
- **把相关的儿童对话记录带给专家，或者发送给专家。**这可以帮助专家了解孩子们的兴趣点，让他把孩子们当成“思考者或有思想的人”来对待，而不仅仅是3岁的孩子。这样，他甚至在到访之前就能叫出一些孩子的名字。
- **和孩子们一起给专家写一封信。**用孩子们自己的语言和想法来写信，告诉专家他们的兴趣点或他们想了解的事情。附上一张写信人的照片，这样专家就能把照片和写信的孩子联系起来。

专家到访有很多不同的形式。不需要事事采取“专家和全班孩子讨论”或“专家只需回答孩子的提问”的方式，还有以下几种方式可供使用。

- **邀请到访专家参与到学习体验中，而不仅仅是对着全班儿童讲话。**让专家成为学习小组中的一员，这样就可以通过共同的活动把到访专家和孩子们联系在一起。这为孩子们提供了学习直接知识和经验的机会，也为他们创造了引发对话交流的丰富环境。例如：裁缝可以教孩子们怎样用卷尺互相量尺寸；园艺师可以和一小组孩子种出能快速生长的豆子或向日葵；画家可以帮助孩子们用颜料调出各种颜色；来自墨西哥的老奶奶可以和一小群孩子一起制作玉米饼（又叫塔可，是墨西哥人的主食）。

- **邀请专家带一件与自己的工作或爱好相关的实物，进行展示并与孩子们交流。**这样做能吸引孩子们的注意力，非常有利于专家和他们交流。因为很多成人不太习惯和如此年幼的孩子进行交谈，因此在交谈中有一件可以谈论的物品会使他们感到更自在。例如，建筑工人可以带着他的建筑工具，厨师可以带着他制作意大利面的厨具。有一次，戴夫老师、佩姬老师和幼儿园的孩子们想要探究一个关于“宠物狗美容”的主题，他们把宠物美容师请到了教室里。宠物美容师带来了很多为狗狗进行清洁美容的工具，并展示给孩子们看该如何正确使用这些工具。这为孩子们和宠物美容师提供了一个进行交流互动的机会，这比让孩子们与到访专家进行问答式交谈的效果要好得多。除此之外，还有很多其他的例子：医生可以带来他的医药箱和急救工具，陶艺师可以带来制陶用的转盘或不同类型的泥土，建筑师可以带来他的建筑图纸或砌砖用的工具。

提供实物

假如无法邀请专家到学习现场，这也没有关系。生活中有很多物品可以引发丰富的对话交流，同样地，一些特定的物品也能提供学习和对话的可能性。也许专家只能来访一次，但是专家留给孩子们探索的物品能使孩子们的对话和经历得以拓展。同样的道理，如果你找不到愿意并能够到访的专家，那么你不妨把一件相关的物品带到你创设的学习环境中。例如，你可能无法安排建筑师来访，但你可以获取一些设计的想法和图纸，供孩子们在积木区使用。兽医可能无法来访，但你可以引入宠物（比如鱼或者蚂蚁），并设立一个区域供孩子们持续观察和讨论。如果没有机械师，一套真实的工具可能会激发孩子们的好奇心和想象力，让他们发现这些工具是如何使用的以及它们的用途是什么。

我们在观察小动物（言言，5 岁）

如果教师把孩子们看成有能力的人，那么就会非常信任地让他们接触和探索这些物品，即使很多物品在传统上被认为不适合儿童玩耍（教师应该教会孩子们怎样正确使用这些物品，并留意孩子们的安全）。例如，南希老师和她班里的 3 岁幼儿正在探索有关“建筑”的主题，她向孩子们介绍了锤子、螺丝刀和水平尺。她花了一定的时间向孩子们展示这些工具，并告诉孩子们它们的用途和使用时应注意的事项。然后，她把这些工具放在手工桌上，孩子们可以自由地拿取和接触它们。接着南希把一两样工具介绍给正在积木区玩耍的孩子，因为她觉得积木区离她很近，她能够确保孩子们的安全。南希强调了使用这些工具的正确方法——就像孩子们在实地考察时看到的建筑工人那样，也像曾到访教室、向孩子们展示工具袋的布雷迪爸爸所做的那样。南希很高兴地看到孩子们能够非常谨慎、正确地使用这些工具，就像成人在日常生活中那样。

因为有一些物品很容易被打碎或者非常珍贵，所以不能让孩子们独立玩要和使用。即使孩子们无法经常使用和玩要，这些物品在拓展孩子们的知识时仍然能发挥作用。教师可以以一种有趣的或者吸引人的形式展示这些物品，这样可以激发孩子们的好奇心，使他们能够加入探索和对话。教师和孩子们可以围绕某个特别的新鲜事物来探讨它的特征，想象它的用途，甚至可以讨论如何制作一个复制品来供他们玩要。展示的物品就像是一件特别的礼物，给孩子们的思维和想象带来惊喜。

我们再举一个具体的例子，玛丽拉老师和埃伦老师班上的孩子对歌曲《彼得与狼》（*Peter and the Wolf*）中所用的不同乐器很着迷，于是他们每周都邀请小学里的音乐老师戴安过来与孩子们待在一起进行探索和交流。戴安每次都会带来一种不同的乐器，展示给孩子们演奏的方法，以及怎样用这些乐器演奏出不同的音乐，还教孩子们怎样去清洁、爱护它们。在戴安老师的指导和帮助下，孩子们接触并使用了多种乐器。他随后慷慨地将乐器留在教室里一周，期间孩子们可以触摸、演奏、绘画和近距离研究它。这种亲身体验使孩子们对音乐有更深入的理解和欣赏。

让我们再来看另外一个例子，想一想下面的对话中孩子们的想法是如何被激发出来的。埃伦老师和玛丽拉老师经常会向孩子们介绍一些特别的物品，供孩子们思考和讨论。有一天，他们介绍的神秘物品是一个可以折叠的橡胶漏斗。

埃迪：“我认为它是用来洗澡的，这样水就可以流到这里。它会流到人的身体上。”

詹姆斯：“当我像这样拿着的时候……发生了什么？但是这里可能要再长一点。也许在这里需要一样东西，这样它就会发出刮擦声了！（他把它打开又关闭）它是一台通风机。”

亚当：“我、萨迪和詹姆斯都觉得这是一个在天热时能向你提供冷气的机器。”

萨迪：“这是矮妖精的帽子。”

卡尔：“一顶帽子，因为它是一顶帽子，因为它可以弯曲，而且可以做任何帽子能做的事情。帽子能被放在镜子上，它也可能会掉下来。”

詹姆斯：“用放大镜看它，它会变大。”

埃迪：“一顶生日帽。”

用什么样的方法可以拓展这些儿童的想法呢？可以将不同款式的帽子放在镜子边，孩子们可以试戴它们，从镜子中看看他们戴上帽子后的样子。一些丰富的对话交流或许可以从这个经历中引发出来。我们还可以在绘画桌上放一些帽子或孩子们戴不同帽子的照片，然后让孩子们画一画自己戴帽子的样子。

詹姆斯和亚当有关机器的讨论引起了教师们的兴趣。他们脑子中的机器会是什么样子的呢？你可以让这些男孩画一画能提供冷气的机器，并用绘画展示一下这些机器是如何运作的。他们可以用一些能找到的材料或黏土来制作一台冷气机。你可以问一些能激发他们思考的问题——“当天气变热时，还有哪些机器可以给你提供冷气？它们是如何运作的？”，从而进一步推动他们的对话、绘画和建构活动。

有时，引入新的物品是拓展儿童思维和经验的适宜方式。例如，这些儿童可以观察他们学习环境中的机器（如投影仪、CD[①]播放器或老式打字机），这将帮助教师更好地了解他们对机器的已有认知。儿童家中可能有简单的机器，如制作面食的机器、搅拌器和小型洗衣机，这些机器为孩子们提供了进一步探索的可能性。找到一个可以拆开的旧机器，让孩子们观察其内部，将是一个拓展他们的认知图式并引发更多对话的绝佳机会。这可能会引发孩子们的绘画、建构、游戏和更多的对话。

① 英文全称为“Compact Disc”，中文意思为激光唱片。——译者注

观察性绘画

有时被称为“写生”的观察性绘画是一种思维工具，可以拓展儿童的认知图式。它与提供的实物有关——毕竟你需要有东西可画。观察性绘画鼓励儿童学会注意细节，仔细观察，并对世界保持好奇心。这些是终身学习的基本技能。观察性绘画帮助儿童通过他们的言语和绘画来表达他们所看到的和所想到的。当邀请两个或更多的儿童画同一个物体，或者让他们通过自己的眼睛看同一个物体时，我们就给孩子们提供了机会去讨论他们各自观察到的内容和彼此的体验。

当记录和解读这些对话时，我们都是围绕同一个目的：提供一件真实世界中的物品来拓展孩子们的图式（见前文所述）。假如这件物品有着有趣的线条、形状或其他特征，那么它对于孩子们来说肯定是一件有趣的物品，通过绘画孩子们可以对它有更多的了解。

观察性绘画可以成为你和孩子们有用的研究工具。当你需要仔细地倾听孩子们对话中的想法时，你可以花一定的时间去倾听儿童绘画中的想法。当你找到一件可以拓展儿童图式的物品时，你就可以让他们用它来进行对话和绘画。通过画这件物品，孩子们可以与它建立起亲密的关系。通过绘画过程中的接触，孩子们可以和物品产生联结。想要成功地进行观察性绘画，以下有一些建议供你参考。

- **可供绘画的物品要有趣，但是线条和形状要简单点。**当年幼的孩子刚开始进行观察性绘画时，选择一些线条简单和特征有趣的物品给他们画。球可能有简单的线条，但是没有有趣的特征来吸引孩子们去画，孩子们可能几秒钟就画完了。南瓜有简单的线条，像一个球，但是在线条上有十分有趣的特征，而且南瓜的皮和柄有不同的颜色，因此南瓜比球更吸引孩子们。当孩子们画得越来越熟练的时候，你可以提供一些外形、线条更复杂的物品给他们画。

- **布置绘画桌，以突出绘画对象。**把物品放在绘画桌的中间，在桌子上铺一块黑色的布，或者在物品下放一个底座抬高它，蛋糕底座也许很适合垫在下面。这样的布置能让物品从其他事物中“脱颖而出”，显示其重要性。在绘画桌上为每个儿童提供一张纸和一支记号笔。这样做，你就可以清晰地观察到孩子们通过绘画进行的交流。
- **在绘画之前，花一定的时间让孩子们近距离地观察和讨论物品。**你不要把物品放在桌上，然后对孩子们说“画这个”。你要引导孩子们去观察物品的所有线条、形状、凸起的部分、平滑的部分、颜色和其他特征。让他们从不同的角度触摸一下、闻一下和看一下。在这个过程中，你一定能听到孩子们很多的对话交流。

3 岁的马尔科有一天画了一张自画像，并告诉他的老师南希：“我的嘴巴生气了。我恼火了。伊莫金让我很生气，因为她在那里玩。我的鼻子和我的脸颊。我的脸颊红了。”

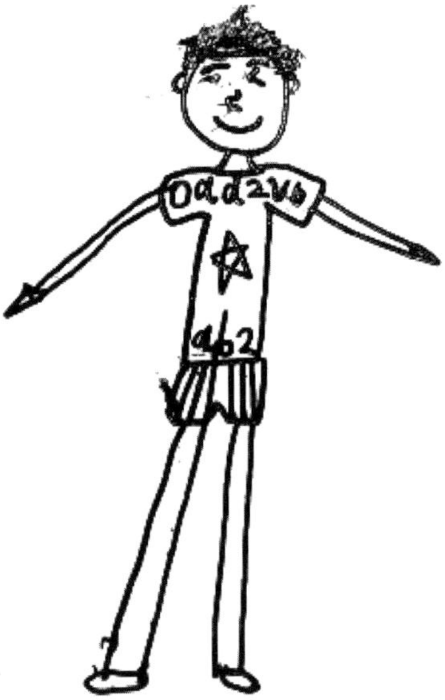

我的自画像（骞骞，6 岁）

确实，他的自画像上有红润的脸颊。南希如何将马尔科的想法作为催化剂，通过观察性绘画促进他进一步探索呢？她可以引入一面镜子或者展示不同面部情绪的照片，以拓展马尔科对情绪表现的想法。把镜子放在绘画桌上，在旁边放上纸和记号笔，将邀请马尔科更仔细地研究自己的面部表情特征。我们将看到这怎样影响他的绘画和对话，这是一件非常有趣的事情。为了进一步激发他的思考，对此感兴趣的成人可以在他观察镜子中的自己时，坐在他的旁边，当他有不同的表情时，你可以问：“你开心的时候脸是什么样的？”“你害怕的时候脸是什么样的？”你还可以把马尔科和其他对此感兴趣的小朋友的不同表情拍成照片，然后将这些照片塑封或装裱在相框里进行展示，以便激发孩子们的观察性绘画和引发更深入的交流对话。

建构你自己的理论认识与实践

重新阅读你最近的对话记录。孩子们的哪些想法可以引发观察性绘画？是不是能找到一些与他们的对话主题相关的典型物品来激发他们的观察性绘画？画一些特殊的内容是不是可以帮助孩子们表达他们的想法，或者让你更清晰地了解他们所掌握的知识和经验？

直接探索材料

在第五章中，我们讨论了开放性问题和封闭性问题，以及开放性问题如何帮助儿童更好地表达自己的想法。同理，你提供给孩子们的材料也可以是开放性的或封闭性的。开放性材料有多种使用方法，封闭性材料只有一种使用方法或只有一种正确的使用方法。例如，这里有一份早期学习环境中常用的开放性材料和封闭性材料的清单（见表 8.1）。此表仅为示例，你还可以在表格中添加更多的内容。

表 8.1　开放性材料和封闭性材料

开放性材料	封闭性材料
积木	拼图玩具
拼贴材料	手工模板
纸、记号笔、蜡笔、铅笔	涂色书
各种长度、颜色和质地的布	角色扮演服装

开放性材料与只有一种使用方式的材料相比，为探索、解决问题、协商、设计、创造和发现提供了更多的可能性。开放性材料就好像是“肥”问题，充满了诸多潜在的对话机会；封闭性材料就像是“瘦”问题，引发的活动相当有限。

我不是在这里建议你不要给孩子们提供封闭性材料。有时候，一些封闭性材料（例如拼图），可以给孩子们带来很多重要的学习挑战。仔细思考一下开放性材料和封闭性材料的选择问题，对于我们的工作来说十分有帮助，这不是简单的“非此即彼”、二选一的问题。当然，你要考虑在你的学习环境中多投放一些开放性材料，少投放一些封闭性材料。

投放一些有趣的新材料可以挑战孩子们的思维。佩姬老师和戴夫老师到专门从工厂或其他公司收购可回收或剩余材料的商店，买回来一些门把手、纸板筒和瓦楞纸板。这些材料可以被投放到积木区，激发孩子们做出更多富有创造性的建构作品，包括我们在第一章中提到的雪花工厂。凯茜老师、卡罗尔老师和费迪南德老师在角色扮演区增加了一些有关饭店主题的游戏道具，例如围裙、记事本、铅笔、菜单和收银机，希望用此来激发孩子们的社会性交往，发展孩子们对词汇、角色、金钱、印刷文字的认识，帮助他们掌握一些饭店情景对话常用语和其他游戏探索中所涉及的知识。埃伦老师和玛丽拉老师到五金商店买来了不同长度的塑料管和漏斗，以便孩子们用这些材料设计和制造自己的乐器。在积木区或者角色扮演区增加不同属性的材料，例如塑料管子（可以弯曲），或者将自然材料（如贝壳或松果）添加到积木区或角色扮演区，可以创造更多机会让孩子们讨论交流新想法。

在孩子们的对话中，哪些内容可以引发我们为他们的游戏或探索增加一些开放性材料？你可以问自己以下这些问题。

- **对话中有没有一些内容与成人的工作或活动有关联？**例如，在积木区，有关如何把积木送到建筑顶层的对话，可以和现实工作中的滑轮、杠杆相联系。你可以在积木区投放滑轮、杠杆。这可以为孩子们的探索、对话和学习提供多种开放性活动。

- **对话中有没有显示出对想象游戏中的特殊角色的兴趣**？例如，假如孩子们在谈论有关去医院的经历，那么你可以投放一些开放性材料到角色扮演区，以便孩子们用这些材料来拓展游戏的内容和角色之间的对话。你还可以增加一些白色的布，以便孩子们用这些材料去制作帽子、围裙和绷带等。
- **对话中有没有出现你感兴趣并想要拓展延伸的内容**？例如，如果你发现孩子们的对话和游戏与火车相关，那么你就可以增加一些开放性材料到游戏区，如把管道或半圆柱体放入积木区，这样孩子们可以用这些材料建造地道和桥梁。

让我们再来看一个有关4岁孩子威廉、卡洛斯和特兰的例子。有一天在贾森、凯茜和费迪南德老师的教室里，这三个孩子在光影桌旁玩耍，凯茜老师记录了他们的对话。

威廉："嘿，看！我的姓名卡在光影桌上变黑了。"

卡洛斯：（把他的姓名卡放在光影桌上）"哦！是的！看这个。"

特兰：（把他的姓名卡放在卡洛斯的卡的上面）"把这张卡放在上面，它就变黑了！"

这个对话引发了孩子们有关黑暗和光线的长时间探索，然后变成了探索影子的活动。当我们重新阅读这个对话记录时，我们可以想象通过光影桌让男孩们了解其他材料的属性时可能进行的活动。不同材料的组合可以放在光影桌上，以便男孩们发现什么材料可以让光线穿过，什么材料会"变黑"。这些问题可以引导孩子们形成有关物体属性的一般常识。什么样的材料可以让光线穿过？它们由什么物质组成？是不是"变黑"的物体由同一种物质组成？你觉得房间里什么样的材料会让光线穿过？你可以用不同的材料做什么？孩子们可以从中获得这些知识点，并用这些知识点形成他们自己的有关“让光线穿过”的初步想法。你可以让他们在班级的集体交流活动中和其他学习小组分享他们的发现。从不同学习者所讨论的多样想法中，我们可以获得有关“材料属性”的新探索和新理论。

有时候，在你所记录的对话中，孩子们那些特别的想法不一定能够激发你去投放开放性材料。假如你没能听到孩子们的想法，那么你可以自己主动地向孩子们介绍一些新的开放性材料。例如，孩子们在一起玩桌面积木时，可能没有很多的交流对话，但是，如果你增加一些有趣的新材料，比如细长的绳子、干净的管子或彩色的珠子，你就可以引导他们在搭建的建筑中加入这些新材料。这些新材料可以提供很多机会，让他们进行探索、解决问题和对话，从而让他们学会怎样让这些新材料和他们已经熟悉的材料相结合。

建构你自己的理论认识与实践

看一看你所创设的学习环境。你为孩子们提供了多少开放性材料，以供他们进行探索和发现？你能否增加一些有趣的新材料？有一点你要记住，你需要对这些材料做一定的取舍，适当地拿走或者存储一些你现有的材料，不然你所创设的学习环境就会变得凌乱不堪。

促进性对话

有时候，和孩子们分享文字记录是偶然的或者无意识的，譬如一个孩子要求你把你写的东西读给他听。而在另一些时候，你就要用事先计划的促进性对话重新向孩子们介绍你所记录的东西。最初所记录的对话可以帮助你了解孩子们的想法，同时也可以帮助你激发新的对话，以更深入地探索和拓展孩子们的认知图式。让我们来看看罗斯班上的一个案例，以帮助你了解应该怎么做。

凯尼娅、杰西、莱昂和加勒特一起在积木区努力搭建一个城堡。罗斯老师没有加入他们的游戏，而是坐在积木区的一角记录他们的对话。

凯尼娅："看好这个圈，这样它就不会掉下来了。"

加勒特："我们需要电子围墙，这应该是在外面的。"

凯尼娅："门在哪里？"

加勒特："我们不能让坏蛋进去！"

凯尼娅："在这里，我们将放置一扇塞满土豆条的特殊的门。"

加勒特："不，我有一个办法。我们把门放得很高，这样他们就不能进来了。"

凯尼娅："他们需要跳着才能越过去！这个想法很好。"

杰西："我们需要屋顶。"

凯尼娅："我们也是。"

莱昂："我会把它放上去。"

凯尼娅："我也会，因为我是建筑师。"

加勒特："我也是。"

凯尼娅："哦，它倒了，你看你干了什么！"

加勒特："让我们再搭一遍好了。"

之后，我很快就和罗斯老师碰面了，在我们解读这次对话的过程中，我们被加勒特所提到的"外面的电子围墙"所吸引。我们非常好奇他对电有怎样的认识，并在会议记录中写下了我们的疑问。

- 为什么他觉得城堡的外面需要电子围墙？
- 是不是他将关于路灯的先前知识联系起来了？电子围墙是为了防止坏蛋进入城堡，还是禁止入内的标志？

¤ 加勒特是否更倾向于将电与建筑外部而非内部联系起来？

¤ 他觉得电是什么？

¤ 他怎么把坏蛋和电联系到了一起？对于他来说，坏蛋和电是否联系在一起？还是我们把二者联系到了一起？

¤ 我们怎样才能知道加勒特所了解的电？

我们决定进行更深入的探索。当加勒特和莱昂在积木区持续玩了一周后，罗斯老师决定进行一次促进性对话。我们帮罗斯想了一些可以在对话中提出的问题，这可以帮助她思考和组织语言。她把这些问题列成清单放在身边，但是不把它作为对话的“剧本”。这些问题是随意罗列的，并没有特定的顺序，但是反映了我们对儿童已有图式的探索。

¤ 那天你在玩游戏时想了些什么？

¤ 你对电有多少了解？

¤ 你为什么需要电？

¤ 电在围栏上有什么作用？

¤ 它如何工作？

¤ 我们在外面的什么地方能看到电？

¤ 哪里有电？

¤ 我们用电来做什么？

¤ 我们怎样用电？

¤ 房子里面是不是也有电？它是用来做什么的？

罗斯老师大声地朗读了孩子们原始的对话记录，以此来开始促进性对话（这些对话没有被打印出来，而是以罗斯的手写笔记形式存在，并且在这种形式下发挥了它的作用）。罗斯还展示了那天男孩们在一起搭建城堡的照片。我们期望通过照片让男孩们回忆起那段相关的经历，特别是加勒特有关电子围墙的想法。我们非常想知道，我们是否能了解到加勒特几天前与此相关的想法和经历。

“当你搭建城堡时，你说了这些话——我现在来读给你听，因为我把你那天说的话记录下来了。”罗斯把她记录的内容朗读给加勒特听，并保证自己是完整地朗读，然后提醒加勒特那天他所说的有关电的内容。“我们需要电子围墙，这应该是在外面的。”罗斯给了加勒特思考的时间，然后身体向前倾，表现出对他的想法感兴趣。

罗斯：“我们在外面的什么地方能看到电？”

加勒特：“我从来没有看到过电，但是我玩操作性游戏时曾经看到过电，金属和金属摩擦的时候有淡蓝色的光。有点噼啪声。”

罗斯：“那么你搭建城堡时为什么需要用它呢？”

加勒特：“你可以把它当作灯。电是在电线里。”

罗斯：“哦，那电到哪里去了呢？”

加勒特：“它流到外面的灯里。我知道我们的灯发生了什么事情（灯坏了）。因为它里面没有足够的电。电来自植物。我觉得，他们是用戴手套的方式把电弄出来的。虽然太阳有光，但是它不需要电。”

罗斯：“那是什么让太阳这么亮呢？”

加勒特：“我不知道。”

莱昂：“有时候是线把太阳点亮了，线里有电。当你把它弄破时，电就会出来。”

罗斯：“那它是从哪里来的呢？”

莱昂：（指指墙）“右边这里。”

看了罗斯老师和加勒特、莱昂的促进性对话，罗斯和我想到了很多可以拓展男孩们想法的活动。我们设计了一些能激发孩子们的想法并引导他们探索的活动，比如实地考察、邀请专家和提供实物、直接探索材料和进行观察性绘画。

¤ 让莱昂画一画他的想法——太阳被线点亮。

- 通过研究和画台灯、聚光灯以及教室里的其他照明物，来探索电在灯里是怎样工作的。
- 可以请后勤人员向孩子们展示台灯里的电线，或者其他电器的内部结构吗？
- 将电线（从五金商店买来的）投放到积木区，观察孩子们怎样用电线展示他们有关电的想法。
- 问一下加勒特，听一听他是怎样把电和植物联系在一起的。让他的家长看一看这些对话，想想他先前的经历是否可以揭示他为什么会把它们联系到一起。也许可以让他画一画他的想法，让我们看看是怎样从植物中获得电的。
- 通过阅读关于太阳的书和进一步倾听孩子们对太阳的想法，来更深入地探索太阳作为光源的特性。

正如经常发生的那样，我们构思的活动远远比真正实施的活动要多，但是无限制的思考过程可以为你的计划带来很多创造性的内容。在积木区投放电线的想法引起了我们的兴趣，于是我们决定接下来就去做这件事情。如果孩子们能继续对电线和电线里的电表现出兴趣和好奇，那么罗斯就会拜访幼儿园里的后勤人员，邀请他和孩子们一起进行探索。

与儿童分享

展示儿童创作的艺术作品以及他们开展学习活动的照片，并在艺术作品和照片上注明他们在活动时所说的话，可以告诉儿童：他们的话语和想法都很重要。教师和孩子们一起分享记录的对话，可以从多个方面使孩子们受益。

¤ **孩子们能够更清晰地看到和听到自己所说的话。**通过他人的大声朗读听到自己的话，孩子们能够更清楚地听到自己的想法。当教师大声地向孩子们朗读对话记录时，孩子们可以知道成人的声音朗读他们的话是怎样的，这对他们来说十分重要。这就像一面镜子，镜子的反射可以让我们更清晰地看清楚自己。当孩子们听到教师朗读自己的话时，他们能更清晰地了解自己的想法。

¤ **孩子们能够重温自己的学习经历和想法。**孩子们经常会要求成人读已经展示出来的记录给他们听。在很多时候，他们是想重温那段经历，就像你不厌其烦地一遍遍拜访你的朋友一样。每当他们重温这些学习经历，他们都有机会深化和拓展学习。

¤ **孩子们能够看到用语言组织自己想法的重要价值。**充分记录孩子们语言的举动，可以显示出他们语言的重要性。正如教 3 岁孩子的扎菲拉所说的那样："有时在进行班级集体讨论时，我会在本子上记录下孩子们的话。之后，孩子们经常会跑过来问'我的名字在哪里？''我说了些什么？'。当他们看到自己所说的话被一字不差地记录下来后，他们会感到非常兴奋、欣喜。"

当教师大声地朗读孩子们的话时，孩子们就有机会意识到用语言组织好他们的想法有多么重要。当教师用孩子们的话来开始一次对话或引导其他活动时，孩子们得到的信息是："表达我们的想法很重要，因为这能帮助我们学习。"当教师重视有关想法的讨论时，孩子们就能明白用语言表达想法的重要性。

¤ **孩子们能够记起或者重新联系起曾经的一个想法或一段经历。**我们之前讨论过回忆的方法对孩子们所起的作用。当你让一个孩子或一群孩子重新联系起曾经的一段经历时，朗读他们的对话记录是一个能让他们参与活动的好办法。你是否还记得罗斯老师给孩子们朗读有关电的对话记录的案例？她就非常好地运用了这个策略。

与家长沟通

和孩子们的家长建立积极关系的好处已经得到了充分的证明。当孩子们的家长参与到学习活动中时，孩子们在幼儿园里的表现就更为出色。因此，和家长分享记录是建立这种融洽关系的好策略。它对你有以下帮助。

- 家长会感觉到自己和你创设的学习环境里发生的事情紧密相连。
- 孩子们会知道，在家长的心目中他们的学习是很重要的。
- 家长会信任你，因为他们觉得你了解他们的孩子，并且非常关注他们的孩子。
- 家长可以了解孩子每天的学习情况。他们会重视对孩子每天的学习表现进行评估，而不是仅仅关注那些基于检核表的评估，以便更好地了解自己的孩子。
- 你可以和家长一起朝着相同的目标去培养孩子。
- 你可以更好地了解孩子，因为通过和家长交流对话记录，你可以更加了解孩子的家庭。

让我们再来看一个例子，看看贾森老师和罗斯老师是如何和孩子们的家长分享他们的记录的。教师们拍了一些孩子们的照片，记录了孩子们所说的一些话，希望能用它和家长们交流一下有关孩子学习的重要问题。教师们的交流目的和交流对象都非常明确。考虑到孩子们的家离幼儿园非常远（他们要乘坐校车穿越纽约市的五个行政区），他们决定把班级时事通讯寄到孩子们的家里。因为家长们很少来幼儿园，所以在这种情况下，这是最有效的一种交流方式。在筹划会议上，他们决定把班级时事通讯的内容从强调事件分享变成 4 岁孩子学习和思考情况的分享。为了交流的有效性，他们决定将每份班级时事通讯都聚焦对话记录中的一个问题或想法，这个问题或想法要么是能引起家长关注的，要么是教师们感兴趣并想要进一步研究的。以下所列的内容，是教师们初步认为可以用在班级时事通讯中的一些条目。

- 孩子们在没有成人帮助或监督的情况下会互相合作吗？
- 孩子们能互相学习吗？
- 孩子们如何探索长度和高度的概念？
- 孩子们对什么比较好奇？
- 绘画怎样帮助孩子们表达他们的想法？
- 在积木区，孩子们学到了什么？
- 孩子们每天需要做出什么决定？
- 孩子们在幼儿园里该如何承担责任呢？

贾森老师和罗斯老师在每份班级时事通讯中都运用了引导性问题，并且挑选了特定的照片和儿童的对话片段，他们认为这些最能传达他们的想法（见附录 D）。

现在很多幼儿教师都会为每个儿童制作一份成长档案，并用此和家长分享有关孩子学习的丰富内容。你可以很容易地往档案里加入你所记录的对话，事实上，这是一种向家长展示儿童语言和思维发展情况的好办法。要想为儿童的档案准备对话记录，你需要注意以下几点。

- **提供一些背景材料。**家长并不一定知道你所选择的对话的背景。写一段简短的说明，告诉家长这段对话发生在哪里，是否来自一个大型探索项目。你也可以在这里加一些孩子参与对话的照片，这样可以将家长置于孩子学习的背景中去了解孩子。
- **简短地解读这些对话。**为孩子们对话中所表达的想法写一段简短的解读文字。不要把每个可能的解释全部告诉家长。在你作为一个教育者进行深度思考的同时，你还要设身处地为孩子的家长着想，想想他们最感兴趣的是什么，或者想想有哪些关键要点是有必要传达给他们的。你可以用精心构思的两三句话来进行解读，以表现出你对孩子的语言和思维的重视。

- **要使用通俗易懂的语言。**仔细想一想你要用什么语言去写背景或者解读。不要用一些教育术语，因为这会让家长们看得云里雾里。家长是否会说英语？假如他们不会说英语，那么你需要把背景和解读的内容翻译成家长的母语。也许另外一位家长或社区人员可以帮助你。许多社区会提供翻译服务，所以你可以从网上找人帮忙，或者让家长去找人帮忙。
- **最好用截取的记录片段，而不是整份记录。**家长不需要阅读整份记录。也许只要一句话或一段话就能让家长明白你多么重视孩子说的话，以及你怎样通过倾听很好地洞悉孩子的想法。你可以从一大篇对话中截取一个片段，例如孩子们谈论绘画、积木搭建或喜欢的书的对话。重要的是让孩子们的语言成为档案中最醒目的部分，而不是只有教师的话。附录E就是孩子们档案中所收集的对话的范例。

上述注意事项或许能帮助你找到其他与家长进行分享的方法。你可以在学习环境中展示一些有关对话的背景介绍和照片或孩子们的画。不要把它们放在墙上就不管了，你要引导家长去查看，并让家长和你一起讨论所展示的对话。你可以这样和家长说："你有没有看到罗里那天谈论蛹和蝴蝶时说的话？"然后你可以和家长一起研究展示在墙上的孩子们的对话。你需要注意的是，可能有一些家长不会说英语或者不能阅读英语。展示你所记录的孩子们的对话，并邀请家长和你一起看这些对话，可以给你提供一个有目的地客观阅读这些对话的机会。同样，在家园会议或者家长－教师会议上，你也可以给家长展示你所记录的这些孩子的对话。

小　结

本书的核心理念是，每个孩子都充满了学习和思考的潜能，他们是有能力和胜任力的。孩子们的想法展现了智慧和逻辑，当他们建立新的联系并建构关于世界如何运作的理论时，对话提供了一个窗口，让我们可以窥见孩子们的内心世界——一个充满希望、好奇的世界。这种观点也可以帮助我们更好地设计和实施与儿童认知图式相关的、有意义的且响应儿童需求的课程。课程提供了拓展儿童思维的方式，并允许他们建构对世界的新认识。课程是为儿童量身设计的，因此，课程的设计者需要考虑孩子们的想法。在应试教育风气盛行，而且标准化测试很可能会延伸至幼儿教育阶段的情况下，倡导营造一种重视幼儿想法的教育环境尤为重要。

关系是有效学习和教学的核心。教师在与儿童及其家长建立开放、尊重和温暖的关系中扮演着关键角色。对话是建立关系的有力工具，本章中分享的一些观点和策略有助于你做这些事情。为了建立这种关系，我们必须要先迈出第一步，主动向幼儿和家长伸出对话之手。在我们表达自己的观点之前，我们要学会倾听孩子和家长的想法，这样我们就能搭建起幼儿园和家庭之间的桥梁。我们必须努力地用自己的耳朵、眼睛、大脑和心去倾听孩子和家长。这样做能让我们的下一代看到“倾听和理解他人”的力量。我们能否憧憬一下我们现在所做的一切可以建立一个充满希望和理解的未来？我希望如此。

附　录

附录 A　解读教师的角色：师幼互动的类型

日期：	参与者：
情境：	
促进性对话：	
支持儿童参与游戏、学习或对话活动	
支持儿童解决问题	
阐明教师对儿童想法或思考的理解	
肯定或鼓励儿童的努力 / 思考 / 工作	
大声思考（示范提问）	
展示你的好奇心	
拓展儿童的思维（设置挑战或刺激物）	
寻找即时信息（例如复述、描述或者给他们的绘画和搭建作品做标记）	
深入挖掘儿童的想法	
联系儿童先前的经验或记忆	
向儿童传授成人解决问题的方法	
向儿童灌输成人的想法	
引导对话回到主题	
其他	

附录 B　追踪儿童的参与过程：对话的参与情况

儿童：			教师：	
日期	时间	地点	对话主题	促进性对话/自发性对话

附录 C　记录儿童的行为

<table>
<tr><td>日期：</td><td rowspan="2">儿童：</td></tr>
<tr><td>观察者：</td></tr>
<tr><td colspan="2">情境：</td></tr>
<tr><td>儿童的行为：</td><td>教师的反思：</td></tr>
</table>

附录 D 班级时事通讯范例

107

第 1 页：自由活动时间——积木游戏
第 2 页：万圣节前夜晚会
第 3 页：里查德的探索
第 4 页：家长会和募捐项目

PS 347 12 月 2 日
美国手语和英语初等学校 班级时事通讯
23 街东区 225 号，纽约市，纽约州 10010 第 3 期

K：“哦！它们立住了。”
J：“里面的人倒了。”
K：“啊哦！我们需要更多的三角形积木。”
J：“为什么？”
K：“用来当底座。”
K：“杰斯，我需要你的帮助，这样我就能把房子搭好。杰斯，看！我为人站的地方搭了个台子。”
J：“我看到了很多葡萄（干净的塑料半球）。我需要很多小木棍来做蛋糕。”
K：“我需要房子的房顶，这样人们就可以到房子里面去了。哦，我们忘了造门！”

当孩子们在玩积木时，他们学到了什么？

上面的对话是在一天早晨的自由活动时间记录的，在这个简短的对话中，我们能看到：当我们给孩子们提供选择的机会和高质量的材料，并让他们自由地和同伴玩耍时，很多学习将会在此刻发生。

- 做决定（“我们需要更多的三角形积木”）
- 问题解决（“哦，我们忘了造门”）
- 有关建筑的知识（房顶、门、人住在里面）
- 有关形状的知识（三角形），有关长度的知识（当进行搭建时，要匹配积木），有关对称的知识（每边都有建筑）
- 空间意识（里面和外面）
- 想象力和可视化
- 合作和团队工作
- 印刷材料传递的信息（例如，一个标志——“请勿触摸”）

注：原书图片略。

附录E 教育档案袋范例

<table>
<tr><td>姓名：格雷戈里</td><td>年龄：4岁3个月</td><td>日期：2007.1.8</td></tr>
<tr><td colspan="3">背景：格雷戈里和文斯在自由活动时间选择在积木区游戏，他们离开集体教学区后，从架子上拿了一些积木到积木区，瓦莎走进了积木区。</td></tr>
<tr><td colspan="3">对话：
文斯：“我要告诉你我想干什么。我想把这些都搭起来。”
瓦莎：“你是不是想给兔子搭一个城堡？”
文斯：“是的，我还要搭一片森林。”
格雷戈里：“我们需要一扇门。”
文斯：“我要为兔子搭一张床，可能就像这样。”（指着圆柱形积木）
格雷戈里：“我有一个搭床的办法。这样能行吗？”（把一块方形积木放在平整的木板上）
文斯：“耶！现在我们需要在城堡上安装尖顶。”</td></tr>
<tr><td colspan="3">学习：
这个对话表明格雷戈里在游戏中的协商能力得到了发展。他不再像以前那样总是自己决定该在积木区玩什么。他的语言也表现出他已经学会如何征求其他同伴的意见。
这个对话同样显示了他在游戏中运用了先前学会的一些知识。他知道建筑的一些基本特征。非常有趣的一点是，他一开始想搭的是门。我在想：他为什么要这样考虑？难道是因为教室里的兔子对他来说是一只真实的动物，因此他在思考兔子怎样才能进出城堡？仿佛他的脑子里已经有了兔子在城堡里的完整图像，他根据这一点来设计游戏。</td></tr>
</table>

参考文献

第一章

Dweck, C. S. 1999. *Self-Theories: Their Role in Motivation, Personality, and Development*. Philadelphia: Taylor & Francis.

Dweck, C. S., and E. Elliott. 1983. "Achievement Motivation." In *Handbook of Child Psychology,* vol.4, *Social and Personality Development*, ed. P. H. Mussen and E. M. Hetherington. New York: Wiley.

Edwards, C., L. Gandini, and G. Forman, eds. 1998. *The Hundred Languages of Children*. Greenwich, Conn.: Ablex Publishing.

Gardner, H. 1991. *The Unschooled Mind: How Children Think and How Schools Should Teach*. New York: Basic Books.

Garhart Mooney, C. 2000. *Theories of Childhood: An Introduction to Dewy, Montessori, Erikson, Piaget, and Vygotsky*. St. Paul: Redleaf Press.

Goleman, D. 1995. *Emotional Intelligence: Why It Can Matter More Than I.Q.* New York: Bantam Books.

Jensen, E. 2005. *Teaching with the Brain in Mind*. Alexandria, Va.: ASCD.

Owocki, G. 1999. *Literacy through Play*. Portsmouth, N.H.: Heinemann.

Ritchhart, R. 2002. *Intellectual Character: What It Is, Why It Matters, and How to Get It*. San Francisco: Jossey-Bass.

Sacks, O. 1990. *Seeing Voices*. New York: Vintage Books.

Smith, C. 1998. "Children with 'Special Rights' in the Preprimary Schools and Infant-Toddler Centers of Reggio Emilia." In *The Hundred Languages of Children*, ed. C. Edwards, L. Gandini, and G. Forman. Westport, Conn.: Ablex Publishing.

Vygotsky, L. S. 1978. *Mind in Society: The Development of Higher Psychological Processes*. Cambridge, Mass.: Harvard University Press.

第二章

Cazden, C. B. 1988. *Classroom Discourse: The Language of Teaching and Learning*. Portsmouth, N.H.: Heinemann.

Rowe, Mary Budd. 1987. "Wait Time: Slowing Down May Be a Way of Speeding Up." *American Educator* 11 (spring).

Stahl, R. J. 1994. *Using "Think-Time" and "Wait-Time" Skillfully in the Classroom.* Indiana: ERIC Clearinghouse for Social Studies/Social Science Education.

第三章

Curtis, D., and M. Carter. 2003. *Designs for Living and Learning*. St. Paul: Redleaf Press.

Gandini, L. 1998. "Educational and Caring Spaces." In *The Hundred Languages of Children*, ed. C. Edwards, L. Gandini, and G. Forman. Greenwich, Conn.: Ablex Publishing.

Greenman, J. 2005. *Caring Spaces, Learning Places: Children's Environments that Work*. Redmond, Wash.: Exchange Press.

Rui Olds, A. 2001. *Child Care Design Guide*. New York: McGraw-Hill.

第四章

Bloom, P. 2000. *How Children Learn the Meanings of Words*. Cambridge, Mass.: MIT Press.

Gibbs, J. 1995. *Tribes: A New Way of Learning and Being Together*. Sausalito, Calif.: CenterSource Systems.

Howe, C. 1997. *Gender and Classroom Interaction: A Research Review*. Glasgow, Scotland: Scottish Council for Research in Education.

Markson, L., and P. Bloom. 1997. "Evidence against a Dedicated System for Word Learning in Children." *Nature* 385 (6619): 813–815.

Pellegrini, A. D. 1985. "The Relations between Symbolic Play and Literate Behavior: A Review and Critique of the Emperical Literature." *Review of Educational Research* 55 (1): 107–121.

Wasik, B. A. and M. A. Bond. 2001. "Beyond the Pages of a Book: Interactive Book Reading and Language Development in Preschool Classrooms." *Journal of Educational Psychology* 93: 243–250.

第五章

Edwards, C., L. Gandini, and G. Forman, eds. 1998. *The Hundred Languages of Children*. Greenwich, Conn.: Ablex Publishing.

Rinaldi, C. 2001. "Documentation and Assessment: What Is the Relationship?" In *Making Learning Visible: Children as Individual and Group Learners*, Project Zero & Reggio Children. Reggio Emilia, Italy: Reggio Children.

第七章

Edwards, C., L. Gandini, and G. Forman, eds. 1998. *The Hundred Languages of Children*. Greenwich, Conn.: Ablex Publishing.

Kolbe, U. 2005. *It's Not a Bird Yet: The Drama of Drawing*. Byron Bay, New South Wales: Peppinot Press.

第八章

Edwards, C., L. Gandini, and G. Forman, eds. 1998. *The Hundred Languages of Children*. Greenwich, Conn.: Ablex Publishing.

Harris Helm, J., and L. Katz. 2001. *Young Investigators: The Project Approach in the Early Years*. New York: Teachers College Press.